广州市教育科学规划 2020 年度课题
基于学科核心素养的灵动语文教学与评价研究（项目编号：2

灵动语文进行时

郭坤峰　黄世新　蒲　敏◎编著

河海大学出版社
HOHAI UNIVERSITY PRESS
·南京·

内容提要

《灵动语文进行时》一书系广州市名教师郭坤峰工作室围绕"灵动语文课堂教学理念",开展教育教学研究的阶段成果,亦是广州市教育科学规划2020年度课题"基于学科核心素养的灵动语文教学与评价研究"(项目编号:202012720)之成果。本书主要研究:遵循"学科核心素养—灵动课堂—灵动教学评价"的逻辑,将深度教学引入灵动教育,进行灵动语文教学与评价的研究和实践,着力培育"语言建构与运用、思维发展与提升、审美鉴赏与创造、文化传承与理解"等学科核心素养,既可扩大灵动教学在广东省内乃至全国范围内的影响,又可进一步完善"灵动语文教学"理论。

图书在版编目(CIP)数据

灵动语文进行时 / 郭坤峰,黄世新,蒲敏编著. --南京:河海大学出版社,2022.12
ISBN 978-7-5630-7868-4

Ⅰ.①灵… Ⅱ.①郭… ②黄… ③蒲… Ⅲ.①语文课—课堂教学—教学研究—中小学 Ⅳ.①G633.302

中国版本图书馆CIP数据核字(2022)第244939号

书　　名	灵动语文进行时 LINGDONG YUWEN JINXINGSHI
书　　号	ISBN 978-7-5630-7868-4
责任编辑	陈丽茹
特约校对	李春英
装帧设计	徐娟娟
出版发行	河海大学出版社
地　　址	南京市西康路1号(邮编:210098)
网　　址	http://www.hhup.com
电　　话	(025)83737852(总编室)　(025)83722833(营销部)
经　　销	江苏省新华发行集团有限公司
排　　版	南京布克文化发展有限公司
印　　刷	苏州市古得堡数码印刷有限公司
开　　本	718毫米×1000毫米　1/16
印　　张	12.25
字　　数	204千字
版　　次	2022年12月第1版
印　　次	2022年12月第1次印刷
定　　价	68.00元

编委会

编　　著　　郭坤峰　黄世新　蒲　敏

参编人员　　刘丹丹　付潇莹　李柳静　彭红波　刘艳茹

　　　　　　付志军　郝琳琳　陈小杏　李韵琪　谢淑霞

　　　　　　石　博　钟俊辉　陈雪儿　蔡宏楷

序言（一）

灵动语文以尊重为核心。灵动语文,是对良好语文课堂状态的概括,是广州外国语学校教育集团一群语文教师对于理想语文课堂的一种追求。他们以课题为抓手,以实践为核心,辛勤研究,孜孜以求,高扬灵动语文的旗帜,取得了一定的成绩和收获。

灵动不是一种方法,不是一条途径;灵动是一种状态,是一个目标,是一种追求,是要挣脱令人倦怠的常态,而去拥抱新鲜活泼课堂的探索。灵动语文的核心是尊重,是对教育教学规律的尊重,是对教学实践的尊重,更是对生命的尊重。

灵动语文尊重规律。语文课堂是一种场域,是多种因素构成的、有着时空限制的场域,在这个场域中学生是主体。灵动语文格外尊重学生这个主体,尊重学生这个主体的身心规律,尊重语文学习的规律,从而激活语文课堂这一池春水。

灵动语文尊重实践。灵动语文课堂的研究,是一种实践的研究,从实践中来到实践中去,实践是灵动语文的源头活水。这里有语文教师们的课堂实录,带着新鲜的泥土气息;这里有语文教学的精心设计,氤氲着生活的烟火味道;这里有课堂主导者的深度反思,反映了这一群教育者对自己的严格要求。语文本身就是一门实践的学科,无论是语言的建构,还是思维的训练,无论是审美的提升,还是文化的传承,没有实践这些核心的素养无法培养。灵动语文,尤其重视这一点,让学生进行语言实践,在输入的同时还要大量地输出,课堂是实践的基地,是操作的车间。

灵动语文尊重生命。灵动语文,希望学生灵手主动、灵思互动、灵魂触动,这是生本思想的体现,更是对学习主体鲜活生命的尊重。所以灵动语文常常创设鲜活的、贴近学生生活的情境,希望学生情感浸入、思想投入、生命融入。生命需要空间,生命需要激发,生命需要唤醒,所以灵动语文在设计问题时强调以简御繁、化繁为简,强调角色转换、场景代入,强调调动兴趣、激发情感。

　　灵动语文的鼻祖应该是孔子,他和弟子的那些对话,有很多充满灵动的色彩。灵动语文也有自己的不足,和情境语文、情智语文、点拨教学等相比,好像缺少实现的手段,所以我们一度想把它概括为灵动情境语文,或者灵动点拨语文,但是我们还是没有这样做,任何事情都不是完美的,而且我们不想给它太多的限制,因为那样也许影响它的灵动。

　　王阳明先生和学生之间的问答常常给予我新的启示。学生问:这一树花,在山中自开自落,和你的心有什么关系呢?可见此花不在你的心内。王阳明先生答:你未见此花时,此花和你的心同归于寂,你见到此花时,此花在你的心中一时明白起来,可见此花不在你的心外。

　　这段师生对话充满诗意,蕴含禅机,更充满了灵动的色彩。我们希望你翻开这本书,希望我们的灵动语文在你心中逐渐明白起来。希望你多提宝贵意见,使灵动语文在我们的心中和实践中更加明白。

　　是为序。

郭坤峰　2022年8月于羊城南沙

序言（二）

　　教学，是教与学的融合，是教师和学生两个课堂活动主体双向情感的投入，是连通心灵的艺术，是思想碰撞的升华，是一场生命的双向奔赴。2020年9月，广东省高中开始使用部编新教材，新教材倡导以学习任务为依托，以大单元教学为中心开展教学，引导学生以自主、合作、探究性学习为主要的学习方式，在运用语言的过程中全面培养学生的语文学科核心素养。我们为了更好地记录教师和学生的学习实践过程，申报了广州市教育科学规划2020年度课题：基于学科核心素养的灵动语文教学与评价研究。这是我们课题研究的初衷。

　　"灵动语文"课题的研究宗旨是探索在语文课堂上，如何通过听说读写的语言综合实践活动完成学习的过程，培养学生的语文核心素养，使学生获得更好的成长体验。灵动语文注重使学生从眼、口、心、手、脑的运动和善动到达思想的触动，从而获得心灵的感悟。在整个课题研究的过程中，我们对灵动语文的概念有了新的界定与阐释，对灵动语文学习活动有诸多的实践与探究，对灵动语文的评价标准也有了新的量化。

　　本书是"灵动语文"课题研究的成果，一共分为三个部分：灵动之知，灵动之行和灵动之思，取知、行、思三者合一之意。在灵动之知中，老师们依据教学的客观实际，从不同的学段和角度探讨了灵动语文的概念，为课题奠定了良好的理论基础；灵动之行是体量较大的一个部分，参与课题研究的每一位老师对自己的课堂都有精心的设计并进行了认真记录和整理，丰富了课题的研究成果；灵动之思，则收录了老师们对自己的教学实践进行的一系列总结和反思。

　　本书大量收录了课题负责人郭坤峰老师的课堂实录。课题研究之前的两年，他未雨绸缪，不间断地记录自己每天的教学。课题研究期间，他管理任务更多，肩上的担子更重，却更是历练出了笔耕不辍的习惯和风雨不动的精神。他的课堂秉承灵动的精神和宗旨，通常能够在情境与活动中完成情感的塑造，在讨论和辩论中促进思想的争鸣。听课的老师和同学常常对教学的过程以及学习的效果击节赞叹。与此同时，他如实记录的勤勉，"见缝插针"的精神，百忙而不懈怠的行动，在实务上不断磨炼的思想都给予同行者莫大的启发与思考。

　　作为"灵动语文"课题研究的成果，本书是教师教学和学生学习的记录，也是师生心灵感悟的集中展现，它将指引我们前行的征途。而对于"灵动语文"的研究，我们将继续开始，我们将不断到达。

　　谨为序。

黄世新　2022年8月于羊城南沙

目 录

一、灵动语文之知

"基于学科核心素养的灵动语文教学与评价研究"课题开题报告 …… 3
灵动课堂的心理根源和文化根源 ………………………… 郭坤峰 15
培养学科素养　构建灵动课堂 …………………………… 郭坤峰 19
灵动语文课　雨后春意浓 ………………………………… 郭坤峰 25
语文课堂评价　可以有点文化 …………………………… 郭坤峰 30
线上教学如何推进师生互动 ……………………………… 郭坤峰 32
初中语文课堂中灵动教学方法研究 ……………………… 刘丹丹 34
灵动语文理念下初中语文综合性学习的教学思考 ………… 蒲　敏 38
情境如月　照览语文山河——以具体情境为载体的语文课堂实践分析
　　……………………………………………………… 黄世新 43
探寻灵动课堂模式　培育语文学科素养 ………………… 彭红波 48

二、灵动语文之行

《灵动语文课堂评价标准（试行）》 ……………………………… 55
普通人的生命精彩和人生境界——部编版《语文七年级下册》第三单元
　　教学设计 ………………………………………… 郭坤峰 等 56
此生此世无憾，生命烈火已燃 …………………………… 付潇莹 59
"灵动"语文课教学问题与环节的设计 …………………… 郭坤峰 61
《小石潭记》"灵动语文"教学设计 ……………………… 刘丹丹 63
《半张纸》"灵动语文"教学设计 ………………………… 彭红波 68
灵动语文课堂《半张纸》教学设计 ……………………… 郭坤峰 73

《青玉案·元夕》"灵动语文"教学设计 …………… 郭坤峰　77
《后赤壁赋》"灵动语文"教学设计 ……………… 郭坤峰　81
古代诗歌鉴赏理解分析跑偏之应对策略 …………… 付志军　84
现代诗的审美与鉴赏 ………………………………… 刘艳茹　90
语文海里泛轻舟　古诗文苑品真情 ………………… 李柳静　92
《阿长与〈山海经〉》灵动语文课堂初探 …………… 蒲　敏　97
以象写意　以象评诗——《艾青诗选》读写课教学设计 … 李韵琪　101

郭坤峰老师灵动语文课堂实录

　　唐诗宋词里的唯美别离 …………………………………… 105
　　纲举目张　思路清晰 ……………………………………… 108
　　案情调查　谁是凶手 ……………………………………… 111
　　摧毁拯救　精彩辩论 ……………………………………… 113
　　打通单元　整体设计 ……………………………………… 117
　　整体阅读　对比探究 ……………………………………… 120
　　蜀道之难　难比登天 ……………………………………… 123
　　琵琶一曲　司马青衫 ……………………………………… 125
　　书愤之诗　叹世之曲 ……………………………………… 127
　　问君愁绪　恰似春水 ……………………………………… 130
　　发红包　赏对联 …………………………………………… 131
　　转变诗境为画境 …………………………………………… 133
　　寻找诗眼　品味感情 ……………………………………… 135
　　叩问石头　拨动琴弦 ……………………………………… 136
　　声声慢　多重愁 …………………………………………… 139
　　杨柳岸　伤离别 …………………………………………… 141
　　以古鉴今　生命突围 ……………………………………… 143
　　后赤壁赋　此游乐否 ……………………………………… 144
　　两词怀古　豪壮情怀 ……………………………………… 147
　　妙处怎与君说 ……………………………………………… 150
　　以退为进　议论全面 ……………………………………… 153

三、灵动语文之思

灵动之思 …………………………………………… 郭坤峰　159
《木兰诗》教学中的灵动时刻 …………………… 谢淑霞　161
以读促学——《黄河颂》阅读教学的灵动时刻 …… 石　博　163
《孙权劝学》阅读教学的灵动时刻 ………………… 郭坤峰　165
一次灵动的课堂提问 ……………………………… 钟俊辉　168
《邓稼先》阅读教学之灵动环节 …………………… 郭坤峰　170
怎样纪念白求恩 …………………………………… 郭坤峰　173
边行边思——读书、教书杂感两篇 ………………… 郭坤峰　176
　　谁圣不婴，谁婴不圣 ……………………………………… 176
　　孔颜乐处，为何乐 ………………………………………… 178
"以菊衬莲"属"反衬" ……………………………… 郭坤峰　180

后　记

………………………………………………………………… 183

一

灵动语文之知

　　知是行之始，行是知之成。构建灵动课堂，缺少不了对于"知"的探究。深挖灵动的内涵，确定灵动的特性，开辟达到灵动的途径。我们在探究"知"，但是我们是用行动去探究，从实践里提取。

"基于学科核心素养的灵动语文教学与评价研究"课题开题报告

一、课题研究的目的和意义

1. 有利于提升教学效益,培养学生的学科核心素养

怎样科学恰当地处理教与学的关系,切实提高教学效益,客观评价教学质量,以培养适合社会主义现代化建设的建设者和接班人,是长期困扰教育工作者和教育行政部门的首要问题。虽然广大教育工作者在不断进行教育改革,但是唯分数论、过度关注升学率,学生的实践能力和创新精神缺乏等问题依然存在,致使如素质教育、综合素质评价等教育改革的推进步履维艰。怎样合理解决这一问题,使得党的教育方针一以贯之地贯彻到教育教学中,贯穿到学生的实际获得中,已成为亟待破解的难题。

改革开放以来,我国基础教育从"双基"到"三维目标"再到学科核心素养,经历了三个不同的阶段。最初,我国教育界形成了重视"双基"的教学传统。1999年开始,各地相继开展以"三维目标"为导向的新一轮课程改革。2014年,教育部印发的《关于全面深化课程改革 落实立德树人根本任务的意见》首次提出"核心素养体系"概念。2016年9月,《中国学生发展核心素养》研究成果发布会提出学生发展核心素养包括人文底蕴等六个方面,具体细化为国家认同等十八个基本要点。在"三维目标"基础上提出的学科核心素养,是对"三维目标"的发展和深化。从学科核心素养培养提出的背景来看,其本身就是为了解决时代变迁、社会发展中的前瞻性问题——"如何在当前的学校教育中,培养出未来社会需要的人"这一难题而提出的概念。

以学科核心素养为纲的高中课程标准修订拉开了我国全面深化基础教育课程改革的序幕。学科核心素养是学科育人价值的集中体现,也是学科在落实立德树人根本任务中的独特贡献。准确揭示学科核心素养的内涵和特性,正确认识学科核心素养的意义和价值,是深度推进学科变革和全面深化课程改革的前提。课程标准以学科核心素养为纲,学科核心素养全面而有机地体现、渗透在课程标准的各个方面和各个组成部分。教育部2017年颁布的《普通高中语文课程标准》明确指出,"语文学科核心素养"是指语文素养的核心要素和关键内容,主要包括"语言建构与运用""思维发展与提升""审美鉴赏与创造""文化传承与理解"四个方面。

要实现学科核心素养的培养目标,必须考虑教学的创新和创造。中共中央、国务院1999年6月颁布的《关于深化教育改革 全面推进素质教育的决定》明确指出,"要转变教育观念,改革人才培养模式,积极实行启发式和讨论式教学,激发学生独立思考和创新的意识,切实提高教学质量。要让学生感受、理解知识产生和发展的过程,培养学生的科学精神和创新思维习惯。"而灵感智商是对事物本质的灵感、顿悟能力和直觉思维能力,往往表现为一种潜意识过程,从这个意义上说灵感思维是创新思维的重要表现形式。基于灵感思维,重庆市铜梁区第一实验小学、江苏省镇江市大港中心小学、辽宁省丹东市第二中学、苏州市第十六中学校、广州外国语学校等中小学校树立灵动教学理念,从不同角度提出灵动教育的含义,并进行了各具特色的探索和实践。一般认为,灵动教育是教师立足课堂内外,引领学生自主学习、合作探究,让学生动手、动脑、动情,促使学生蕴蓄灵气与活力、激发灵性与智慧的教育活动,其本质是尊重学生主体、鼓励学生主动学习、激发学生创新思维,促使学生增长知识、提高能力、陶冶情感态度和价值观,达到手脚灵活、思维灵敏、思想灵光的境界。所以,灵动教学对于培养学生的核心素养大有裨益。

2. 有利于推动深度教学,引导学生进行深度学习

"深度教学"源于深度学习理论,是引导学生进行"深度学习"的一种教学方式。深度教学就是能帮助学生深度理解教学内容的教学,是相对于仅侧重机械背诵的填鸭式教学而言的。它强调教师在传授知识的基础上,注重提高学生的独立思考能力和创造性思维能力,并不刻意追求教学内容的深度和难度。学生深度学习能力的发展与其学科素养的培育密切相关,深度学习的发生离不开学习个体的学科背景;而学科素养的培育在很大程度上需要通过深度学习来实现,即需要学习者通过思考、探究、推理、反思等深度学习过程中的直接和间接的学习体验与感悟,形成个体的知识结构、专业智慧和解决问

题的实际能力以及稳定的学习品格。深度学习技能的掌握,可以促进学习者深入理解所学内容,形成问题意识且深化探究精神,逐步掌握解决问题的思路与方法。灵动教学也强调通过教师有情感、有智慧地教,让学生真正掌握学科学习学法,并获得相应的学科核心素养。从这个意义上说,灵动学习与深度学习在根本上是一致的,其高质量的学习品质可以培育学生的灵感智商和科学精神。

3. 有利于推动语文课堂革新,有很强的应用价值

进入21世纪,灵动教育、灵动教学逐渐成为新课改的新热点,孙双金、薛法根、张齐华、虞大明等特级教师围绕"鲜活的理念、诗意的课堂、灵动的对话""灵动课堂的特征""教育灵动的内涵及生成的途径""灵动课堂的打造"等话题,对灵动课堂教学进行了多层次、多角度的探讨。在教育名家的引领下,各地中小学不约而同地展开了灵动教育研究和实践,涵盖学科教学、校园文化和学生活动等方面,有的是由县级教育行政部门整体推行灵动教育,有的是以学校为单位探索灵动课程,有的是几所学校联合研究灵动课堂。

构建灵动语文课堂,自主开发校本课程,探索、运用灵动语文教学机制,可以引导学生在课内外学习中灵思互动,达到灵魂触动的境界,不断增强学生的文化认同、审美能力、人文精神等,促进学生全面发展、特长发展、个性发展。构建基于项目学习的模拟活动课程教学模式,鼓励学生主动学习,大量阅读,主动写作,关注社会热点,运用所学知识和能力阅读经典,创作佳作,可以提高学生思维判断力、语言建构力、文化传承力、审美鉴赏力等,全方位培育学生语文学科核心素养。

本课题从深化灵动语文教育研究与实践着眼,围绕语文学科核心素养,吸取国内外相关学科、相关学校的灵动教学、项目式教学、深度教学理论和实践成果,从构建灵动语文课堂着手,深入研究灵动语文教学与评价模式,努力提高中学语文课堂教学效益,对于激发学生语文学习兴趣、提升学生语文学科素养具有重要意义。

4. 有利于推动语文课堂革新,有较强的学术价值

全面实施素质教育在取得显著成绩的同时,仍存在课程教材的系统性、适应性不强,课程评价标准不明确,初、高中课程目标有机衔接不够,部分学科内容交叉重复等问题。解决这一问题,需要以学科核心素养为纲,通过各部门协同配合,从整体上推动教学和评价环节的深层次改革。基于语文学科

核心素养进行灵动教学与评价研究，一方面可以通过引领、促进学生参与课程学习，培养学生的综合素养，改变当前存在的"知识本位"现象；另一方面可以帮助学生提升语言建构能力、思辨能力、审美能力、文化传承能力，从而全面提高语文学科素养。

在中学语文教学中，我们不能把学生当作语文知识的容器，而应利用多样的、鲜活的课程与教学资源，深入挖掘教科书和教学素材所蕴含的灵动教育内涵，在进行知识教育的同时培育学科思维，提升学生语文学科素养，努力触动学生灵魂。在语文课教学中践行灵动教育理念，鼓励学生主动学习、互动交流，提升创新意识、创新能力，进而润泽学生心灵。将课堂教学与社会实际紧密联系起来，让学生在交流与合作中激发思维的灵动飞扬，在学习实践中发现与应用语言，培养学生对美的鉴别力和创造力，陶冶学生灵气，不断深化灵动语文的教育理论与实践。建立促进语文学科核心素养发展的评价体系，探索、运用多元评价机制，综合评价学生的语言建构能力、辩证思维能力、美的鉴赏和创作力、文化的理解和传承能力，弥补当前教育理论重教学、轻评价的不足，推动中学语文课程与教学论发展。

本课题致力于研究中学各年级培育语言建构与运用、思维发展与提升、审美鉴赏与创造、文化传承与理解四种素养的要求与评价标准，探索课堂教学和社会实践中培育学生学科素养和综合能力的具体途径，完善和传播"灵动语文教学"理论，有利于贯彻学科课程标准，培育学生语文素养，真正落实立德树人的根本任务。

二、国内外研究现状

1. 国外研究现状

核心素养是个人终身发展、融入主流社会和充分就业所必需的素养的集合，这些素养为学生未来工作和生活所需要，也为社会应对当前和未来技术变革和全球化挑战所需要。

关于素养、核心素养的研究由来已久，20世纪末至21世纪初，随着世界教育改革浪潮的推进，各国（地区）与国际组织相继在教育领域建立学生核心素养模型，以此推进教育目标的贯彻与落实，改革教育评价方式，促进教育质量的提高。1997年12月，经济合作与发展组织（OECD）启动"素养的界定与遴选：理论和概念基础"项目，确定了能互动地使用工具、能在异质群体中进行互动、能自律自主地行动三个维度，每个维度分别包含三项素养。该框架对于PISA测试(国际学生评估项目)具有直接影响，进而对许多国家和地区开发的核心素养框架产生了重要影响。2006年12月，欧盟(EU)通过关于核心素养的建议案，核心素养包括母语、外语、数学与科学技术素养、信息素养、学习能力、公民与社会素养、创业精神以及艺术素养，共计八个领域，每个领域均由知识、技能和态度三个维度构成。2013年2月，联合国教科文组织(UNESCO)发布的报告《走向终身学习——每位儿童应该学什么》，基于人本主义建构了基础教育阶段学生应该达成的学习目标体系，即从"工具性目标"(把学生培养成提高生产率的工具)转变为"人本性目标"，使身体健康、社会情绪、文化艺术、文字沟通、学习方法与认知、数字与数学、科学与技术七个维度的核心素养都能通过学习得以发展。

  在此基础上，美国先后于2002年制定、2007年修订了以核心学科为载体的《"21世纪素养"框架》，确立了学习与创新技能，信息、媒体与技术技能，生活与职业技能三项技能领域，每项技能领域下包含若干素养要求。2004年，芬兰颁布《基础教育国家核心课程》，根据当代以及未来社会对公民、欧洲国家对公民的要求，对所培养的学生设置了成长为人，文化认同与国际化，信息素养与交际，参与行使公民与企业家的权力，对未来环境、健康和可持续发展的责任感，安全与交通，技术个体七个主题，并对具体目标和核心内容作出明确规定。2008年，澳大利亚发布《墨尔本宣言》，概括出公民必须具有的包括读写、计算、信息和通用技术，批判性和创造性思维，道德行为，个人和社会能力及跨文化理解在内的七项通用能力，包括土著居民和托雷斯海峡岛民的历史和文化、亚洲文化及澳大利亚与亚洲的啮合和可持续发展三大跨学科主题。

  上述国家和国际组织关于建构核心素养的模式，或者将核心素养与国家课程紧密结合，或者将核心素养细化至各个学科，或者将核心素养与整体的课程设计一体化，为我国新课程改革提供了新的视角与思路。这些国际上的做法以及为后续的课程评价、教师对学生开展评价提供的范式，并不一定适合中国国情，我国中小学课程改革不能照搬西方模式，而应立足学生发展，建立以社会主义核心价值观为中心的学生核心素养体系，在学生核心素养体系的框架下进行课程设计与改进，基于核心素养体系建立系统的学业质量评价标准，以巩固和提升新课程改革的成效。

  德国教育思想家雅斯贝尔斯指出："所谓教育，不过是人与人的主体间灵肉交流活动,教育是导向人的灵魂觉醒之本源和根基,教育是人的灵魂的教育,而非理智知识和认识的堆积。"英国人达纳·佐哈、伊恩·马歇尔夫妇合著的《灵商:人的终极智力》于2001年在中国出版后,我国一些中小学校开始根据灵商等理论进行灵动教育的研究与实践。所谓灵商(Spiritual Intelligence Quotient)是心灵智力,即灵感智商,是对事物本质的灵感、顿悟能力和直觉思维能力,必须与智商(IQ)配合运用。实际上,灵商是指一种智力潜能,属于潜意识的能量范畴,是感受、理解与开发利用我们自身、他人和周围世界最高部分的能力。遗憾的是,国外没有学者和机构将灵商引入教育领域进行灵动教育的研究和实践,亦没有这方面的专门论著。

2. 国内研究现状

学科核心素养是新课程改革中提出的一个概念,与此相适应,各学科课程标准都把学科教学的目标定位于"培养基本的学科素养"。根据《中国学生发展核心素养》,学生发展核心素养是学生应具备的,关于学生知识、技能、情感、态度、价值观等多方面要求的综合表现。教育部颁布的《普通高中语文课程标准(2017年版2020年修订)》(以下简称《课程标准》)有两大亮点:一是明确地提出了学科核心素养,二是明确了学业质量标准。专家认为,一般意义上的学科核心素养是指学生在社会生活实践或科学研究的复杂情境中,能在正确的思想观念指导下综合运用学科知识能力处理并解决复杂任务的综合品质,它是知识、能力与情感态度的综合,因而主张将内涵丰富的学科核心素养称为学科素养。李晓东教授在《学科核心素养的"通"与"同"》一文中指出,当前的核心素养建构,先确定了学生发展核心素养的顶层设计,在此基础上提出各学科的核心素养,再将这些学科核心素养要求具体化为学科的学习内容和学习过程。

首都师范大学教授王云峰在《语文学科核心素养的内涵和特征》一文中深入分析了语文四大核心素养的内涵和特征,认为从语言、思维、审美、文化四个方面来描述语文学科核心素养的结构,并强调其整体性,是为了进一步凸显语文学科自身的教育功能和教育价值。同时,这也是依据学科特征对原有的"三维目标"作了进一步整合和完善。语文学科核心素养包含了知识与能力、过程与方法、情感态度和价值观等诸要素,但并不是这些要素本身,而是由这些要素构成的语文能力及其品质的综合体。它在运用语言的具体过程中形成,并在真实的语言情境中综合表现出来。简单地说,语文学科核心素养本身是综合性的。它在强调语文学科核心素养整体性、综合性的同时，还强调其在实践中的运用与提升。从语文核心素养形成和发展的机制来看，构成语文核心素养的四个方面并非简单并列，学生的思维发展与提升、审美鉴赏与创造、文化传承与理解都是通过语言建构与运用的过程来实现的。

至于学科核心素养的评价，《华东师范大学学报（教育科学版）》主编杨九诠认为，任何形式的纸笔测试都难以测准核心素养，理想的教育评价应该进入内部参与核心素养的情境构造和策略供给，在核心素养形成过程中发挥对话、协同、反思、调控的作用，成为核心素养的内在品质和机能。福建师范大学教师教育学院余文森院长主张，课程标准的实施建议主要包括教学改革、考试评价改革和教科书编写改革，以学科核心素养为导向推进学科教学改革、学科考试评价改革和学科教科书编写是课程实施层面的重点和难点。江苏省常州市教育科学研究院朱志平院长认为，学习的过程就是评价的过程，参与教学过程与学生学习过程的评价，其目标导向的是学生核心素养的提高。评价时，既要看"活动"在语文学科课程中的价值，又要看"课程"以什么方式、载体在"活动"中客观存在。新修订的《课程标准》明确指出，"活动"应该围绕课程中的"议题"，课程中的"议题"需要依托"活动"而展开。"议题"与"活动"的设置都是语文学科课程的内在要求，是实现思想语言课程与教学目标、提升学生学科核心素养的重要载体。

2018年3月28日，北京师范大学中国教育创新研究院发布《21世纪核心素养5C模型研究报告》。这份报告基于我国社会、经济、科技、教育发展需求，进一步追问"打下中国根基、兼具国际视野"的人应该具有哪些素养，提出了"21世纪核心素养5C模型"并搭建框架、阐述内涵，包括文化理解与传承(Culture Competency)、审辩思维(Critical Thinking)、创新(Creativity)、沟通(Communication)、合作(Collaboration)5个方面，每个方面又包括3~4个二级维度，从不同角度反映了21世纪人才必备的核心素养。该报告率先提出文化理解与传承素养，并将其置于核心素养的统领位置，为其他四个方面提供价值指引。

3. 关于灵动教育教学的研究

"灵动教育"是我国教育工作者顺应教育形势提出的，是素质教育的真实需求，是力促学校个性发展、内涵发展、品质发展的教育策略和途径。一般认为，灵动教学是一种回归本性的教学，它顺应学生的天性，激发学生的灵性，增长学生的智慧。灵动教学是教学的返璞归真,它基于学生,为了学生,真正以学生的发展为出发点和最终归宿。灵动教学是为了让教学回归到"人"上,也就是回到教学即人学上来,它要求教师遵循教学活动的客观规律,在教学中用相对较少的时间和精力投入,去获取尽可能好的教学效果,实现知识与技能、过程与方法、情感、态度、价值观落实的最优化,从而实现特定的教学目标,满足社会和个人的教育价值需求。林瑞英在《灵动语文课堂构建的四个支点》中认为,在语文课堂上创设有效的学习活动是构建灵动语文课堂的基础,引导是灵动语文课堂的金钥匙,变化是灵动语文课堂的活力,情感是灵动语文课堂的灵魂。语文课堂需要多一些语言实践的活动,多一点适时恰当的引导,多一些富有深意的变化,多一份人文关怀的情感。因此,要致力于构建鲜活、生动、高效,充满灵性的语文课堂。

在新课程背景下,人们对于灵动教育的研究不一而足:有的把灵动课堂的研究着眼于提高课堂教学有效性的研究上;有的把灵动教学的研究落脚在灵动课堂教学模式上;有的从携手生活、学科融合、教学相长、超越文本来谈灵动课堂的打造;有的从学生创新精神的培养上谈对灵动课堂的理解。对于灵动教学的研究,大多关注的或是教材的钻研,或是教学手段的采用,或是教学目标的设定、达成,或是对学科知识的传授、考查,很少关注对灵商、对语文学科素养的培育和评价,对灵动教学中如何培育中学生语言、思维、审美、文化等学科素养的研究尚未启动。

4. 关于深度学习的研究

江苏省苏州市教育科学研究院朱开群教授提出,所谓"深度学习"(deeper learning),就是指在真实复杂的情境中,学生运用所学的本学科知识和跨学科知识,运用常规思维和非常规思维,将所学的知识和技能用于解决实际问题,以发展学生的批判性思维、创新能力、合作精神和交往技能的认知策略。正是由于"深度学习"具有区别于传统学习的上述显著特征,就使得基于核心素养的教学方式的变革,必然以引导学生走向"深度学习"为导向。从"深度学习"走向"深度教学",深入推进基于核心素养的教学方式的改革,把基于核心素养的教学真正落实到课堂教学中,落实到学生的学习方式和教师的教学方式的深刻变革中,这样才能把核心素养从一个抽象的理论变成一个看得见、摸得着的实践行动。

课堂教学与评价受到越来越多专家、教师的关注,构建体现全面素质理念的、开放兼容的课堂教学模式,对教师教学和学生学习效果进行科学评价,全面提升学生学科核心素养,逐渐成为全国教育界的共识。但是,关于学科核心素养、灵动教育和项目学习、深度学习的研究还不尽如人意。具体来说,存在以下三个方面的问题。一是不少学校仍以应试教育为导向,教师仍习惯于让学生记忆学科知识,忽视对学生进行项目学习、深度学习的指导与整合,忽视学科思维和学科核心素养的培养。二是学科核心素养培育的系统性、整体性不足:一方面,学科核心素养的表述不够精练,不同素养的培育途径不够清晰;另一方面,素养内涵孤立化,教育内容碎片化,教学设计随意化,影响学生学科核心素养的全面提升。三是培育学科核心素养的技术性问题突出,主要表现为重课堂、轻活动,重知识、轻思维,重自主、轻指导,重教学、轻评价,重智商、轻灵商等。

5. 学术思想和立论依据

(1) 灵动教育:"灵动教育"是我国教育工作者顺应教育形势提出的,是素质教育的真实需求,是力促学校个性发展、内涵发展、品质发展的教育策略和途径。一般认为,灵动教学是一种回归本性的教学,它顺应学生的天性,激发学生的灵性,增长学生的智慧。

(2) 核心素养:一般意义上的学科核心素养是指学生在社会生活实践或科学研究的复杂情境中,能在正确的思想观念指导下综合运用学科知识能力处理并解决复杂任务的综合品质,它是知识、能力与情感态度的综合,内涵丰富。

(3) 深度学习:所谓"深度学习",就是指在真实复杂的情境中,学生运用所学的本学科知识和跨学科知识,运用常规思维和非常规思维,将所学的知识和技能用于解决实际问题,以发展学生的批判性思维、创新能力、合作精神和交往技能的认知策略。

三、研究目标和内容

1. 研究目标

学科核心素养与灵动课堂、灵动教学评价三者之间的关系,呈现为"课程观—课程实施—课程表现"的体系特征。本课题从提高中学生语文学科核心素养着眼,融合国内外灵动教学、深度教学理论和实践经验,将课堂教学改革作为立德树人的突破口,进行语文课教学与评价等方面的研究,引导学生养成灵活主动的学习习惯,在语文课堂教学过程中引导学生"灵手"主动、"灵思"互动,达到灵魂触动的境界,不断增强语言建构与运用、思维发展与提升、审美鉴赏与创造、文化传承与理解等学科核心素养,逐步成长为有灵性、有灵气的创新型人才。

2. 研究内容

(1) 基于学科核心素养的中学语文灵动教学模式研究

挖掘中学语文教材的"语言建构与运用、思维发展与提升、审美鉴赏与创造、文化传承与理解"四个方面的课程与教学资源,建构新授课、讲评课、复习课、阅读课、作文课等课型的灵动教学模式。我们认为虽然课型不同,但是只要有了"以生为本"的教育理念,完全可以尝试建构各个课型的灵动教学模式。

(2) 深度教学背景下的语文学科素养的培育策略研究

引领学生进行深度学习,共建共享灵动语文课堂,培育中学生的"语言建构与运用、思维发展与提升、审美鉴赏与创造、文化传承与理解"等学科核心素养。通过深度教学激发学生深度学习,可以提升学生在语言建构、思维训练、文化传承、审美创造等方面的素养。

(3) 基于语文学科素养的灵动教学评价机制研究

建立学科素养本位的灵动语文教学评价机制,客观评价灵动语文课堂教学、学生学业质量和语文学科核心素养。根据学科素养的培养目标,将评价机制和标准精细化、规范化、科学化。

四、研究方法、特色和创新之处、理论意义和研究价值

1. 研究方法

本课题研究以"行动研究"为主,兼用文献检索法、实验研究法、综合调查法、个案研究法。

(1) 文献检索法。深入研究并最大限度地把握与本课题相关的灵动教学理论,提升研究的理论层次;综合运用各种路径及时了解基于学科核心素养的灵动教学的最新研究成果。

(2) 实验研究法。通过学校、年级、班级协作开展灵动语文教学研究,共同参与灵动语文教学的研讨,构建符合学科核心素养的灵动语文教学和评价体系。

(3) 综合调查法。综合运用各种调查方法和手段,有计划、分阶段地展开

灵动教学实效性的调查研究,全面了解当前教学工作中存在的问题,从而有效地实施灵动语文教学并进行评价研究。

(4) 个案研究法。将同类班级进行相关对比、分析,发现问题并探讨解决问题的路径和方法,在总结个案的基础上形成灵动语文教学有效的基本准备策略、实施策略。

2. 特色和创新之处

(1) 特色

建立健全学科核心素养本位的灵动语文课堂教学与评价机制,将灵动语文教学系统化、规范化。即通过课题研究,系统地建立不同课型的灵动语文教学模式,培养"语言建构与运用、思维发展与提升、审美鉴赏与创造、文化传承与理解",建立学科核心素养本位的教学评价机制。

(2) 创新之处

本课题遵循"学科核心素养—灵动课堂—灵动教学评价"的逻辑,将深度教学引入灵动教育,进行灵动语文教学与评价的研究和实践,着力培育"语言建构与运用、思维发展与提升、审美鉴赏与创造、文化传承与理解"等学科核心素养,既可扩大灵动教学在省内乃至全国范围内的影响,又可进一步完善"灵动语文教学"理论。

①融合灵动学习、深度学习理论成果。如果说"核心素养"之核心即"融通"与"应用",那么项目学习就是目前研究者发现的可以最大可能地承载"融通""应用"理念的新教育模式。深度学习是学生的沉浸式的力图深入理解学习内容的学习,它是对以往一切优秀教学精华的概括和提炼,是"好"教学的代名词,它包含着学生积极主动的学习,是能够引发学生主动学习愿望与积极活动的教学。本课题吸收了国内和国际的最新学习理论成果,率先将项目学习、深度学习等理论引入语文教学领域。

②寓学科核心素养于灵动语文课堂。灵动语文课堂不同于传统课堂,必须从学生的学与教师的教两个维度来建构,将"语言建构与运用、思维发展与提升、审美鉴赏与创造、文化传承与理解"等学科核心素养融入灵动语文课堂和灵动活动课程。一方面,教师要注重教学互动,触动学生心灵;另一方面,学生要主动学习,使学科思维灵动飞扬。

③深化灵动语文教育理论。深度教学追求教与学的良性互动、追求教学的品质与意义,是让学生深度参与教学过程且深刻把握学习内容的教学。它

主张进行"有限教导",让学生充分地参与教学;进行"多元教导",让学生生动活泼地学习;进行"情感教学",激发学生的积极情感体验;提供"全景立场",让学生形成自己的理性、提升自己的核心素养。本课题广泛吸取各地灵动教学和项目式教学、深度教学经验,进一步深化语文阅读和写作等教学与研究,引导学生"灵手"主动、"灵思"互动,达到灵魂触动的境界,让学生动手、动脑、动情,既能传播灵动语文教育理论,又可创新中学语文教育的路径。

3. 理论意义和研究价值

学科核心素养与灵动课堂、灵动教学评价三者之间的关系,呈现为"课程观—课程实施—课程表现"的体系特征。本课题从提高中学生语文学科核心素养着眼,融合国内外灵动教学、深度教学理论和实践经验,将课堂教学改革作为立德树人的突破口,进行语文课教学与评价等方面的研究,引导学生养成灵活主动的学习习惯,在语文课堂教学过程中引导学生"灵手"主动、"灵思"互动,达到灵魂触动的境界,不断增强语言建构与运用、思维发展与提升、审美鉴赏与创造、文化传承与理解等学科核心素养,使学生逐步成长为心有灵性、饱含灵气的创新型人才。

灵动课堂的心理根源和文化根源

广州外国语学校　郭坤峰

灵动课堂，是有一定的心理根源和文化基因的，课题研究伊始，将这两点阐释清楚，很有必要。

一、构建灵动课堂　寻找心理根源

1. 人有自我意识

人是灵长类高级动物，有明确的自我意识，因此喜怒忧思悲恐惊诸多情感丛生，意识的河流不分白昼黑夜地流淌，善感的心灵不停闪现灵机，人内心的灵动应该是其他动物无法望其项背的。"笼天地于形内，挫万物于笔端"的作家们，更是有着心灵的敏感和思维的灵动。秦观看花流泪，苏子望月伤心，都是因为这颗灵动的心。同时，人还要处理好"人与自我、人与自然、人与社会"的关系，于是，"我"分裂为自我、本我、超我。人的思维在三个境界穿梭，烦恼痛苦产生，快乐幸福出现，狭隘的思想和高尚的灵魂同在，情动于中而形于言，说出来，写下来，就成了作品。

2. 人有多彩梦境

人们经常做梦，有些是噩梦，所以有的人对于梦是很讨厌的，但是，梦之于心理学家是一个重要的分析对象，会探索出很多秘密；梦之于文学家，是灵感的闪光，是灵动的启迪，是重要的素材。马修·沃克说："我们甚至开始理解所有意识体验中最神秘莫测，也是最具争议的部分——梦。梦为所有有幸能够做梦的物种（包括人类在内）提供了一套独特的福利，包括能够抚慰痛苦记忆、安抚大脑的神经化学物质浸浴，以及提供一个虚拟现实空间，大脑可以在其中融合过去和现在的知识，激发创造力。"人类的梦是一种福利，它有多重的功效，对于作家来说，可以激活思维，为作品开辟一条通往神奇且灵动境界的道路。古今中外，名著经典，往往有梦的情节。"庄生晓梦迷蝴蝶"之迷梦，《梦游天姥吟留别》神仙洞府之幻梦，《仲夏夜之梦》诗情画意之绮梦，《聊斋志异》天马行空的噩梦和美梦，《红楼梦》里形形色色的梦等。

梦是虚幻的,梦也是神奇的,梦境中内容的拼接是超现实的,是灵动的。那些经典名著,如果没有梦境的加入,就会落入现实的尘埃,失去了灵动的魅力。即使是那些被称作现实主义伟大作品的名著,也往往有描写梦境的片段,这些片段在推动情节、塑造人物、表现主旨方面,都有着极为重要的作用。

3. 人有美好理想

《孔雀东南飞》的"鸳鸯双飞"很灵动,《梁山伯与祝英台》的"化蝶双飞"很灵动,但是《罗密欧与朱丽叶》的结尾给我的只有悲伤,没有灵动的感觉,因为它不符合中国人的审美习惯,没有给人希望,它是现实的,不是浪漫的;它是凝固的,不是灵动的。有希望才有灵动,有理想才能产生审美的灵动,人的心里总是有美好愿望、憧憬,如果不能实现,那么就会在文学艺术中表现出来。作者、教师、学生有相通的情绪,有相似的心理,我们都灵思无穷,灵心善感。怎样带着学生走进文本,怎样将作者灵魂的触动转化为学生灵魂的触动呢?基于这份心理的根源,构建灵动课堂就非常必要。

二、构建灵动课堂,传承文化基因

1. 传统文化中有"灵"这个核心意象

在汉语中"灵"有多重含义,如心灵、神灵、灵魂等,古诗文中经常出现"灵"这个汉字,有时候还是作为核心意象出现的。"皇览揆余初度兮,肇锡余以嘉名:名余曰正则兮,字余曰灵均",屈原的字叫作"灵均"。"九嶷缤兮并迎,灵之来兮如云",《湘夫人》是把神灵作为写作的对象。《山海经》《搜神记》《封神演义》《阅微草堂笔记》等作品,更是或隐或现地表现着"灵"这个核心意象。

归纳起来,"灵"作为意象,有以下几个方面的内涵:灵是心神、灵是异人、灵是状态、灵是特征。最初人们觉得心神不受自己控制,尤其是做梦之时,所以人们认为是有神灵在作怪,所以心神是灵,鬼神也是灵,后来把那些能通鬼神的巫觋也称为灵,进一步延伸至那些有奇异现象和功能的山川草木、花鸟鱼虫。自然万物都可以是灵,而不同凡响的文学艺术作品,也仿佛不是人力所及的,定有神灵的帮助,那么具有神异、灵动内容和特征的文学作品也是灵。

"知者乐水,仁者乐山;知者动,仁者静;知者乐,仁者寿",中国人追求山之沉稳,更崇尚水之灵动。"灵"这个核心意象体现了中国人的文化心理:崇尚灵心、灵思，追求灵之魂；欣赏灵语、灵手，追求灵之体；喜欢灵动、灵异，追求灵之变；推崇灵机、灵光，追求灵之韵。

2. 传统文化重视天人合一

传统文化提倡万物一体，主张天人合一。庄子认为，精神和天地相往来；阳明心学也提倡万物一体，主张心外无理，心外无物，心外无事。万物一体，那么人与万物靠什么连接，靠什么沟通呢？靠的就是心灵，而这种连接就是灵动的连接，正所谓"心有灵犀一点通"。

王阳明先生与学生山中问答的故事就体现了这种灵动的连接。"先生游南镇，一友人指岩中花树，问曰：'天下无心外之物，如此花树在深山中自开自落，于我心亦何关？'先生回答说：'你未看此花时，此花与汝心同归于寂；你来看此花时，则此花颜色一时明白起来，便知此花不在你的心外'。"（《王文成公全书》卷三）万物一体，靠心的感知和连接，靠心的接纳和包容，那是再灵动不过的了。

3. 传统文化认同万物有灵

古人认为万物有灵，天地山川、花草树木、先人远祖等都有情感，有生命，有灵异的神力。神话传说中的主人公有生命、有情感、有灵魂，本质上，神话中主角的心灵就是人类内心的映照，夸父逐日表现的人类奔跑追逐理想的欲望，精卫填海表现的以弱小对抗强大的无畏坚持等，神灵的精神与人们的内心呼应着、交流着，感动鼓舞着一代又一代的人们。在文学作品里，若内容和手法都是灵动的，读者也会觉得奇异和灵动，《聊斋志异》《西游记》就是优秀的代表。《聊斋志异》电视剧的歌词传唱大江南北，"你也说聊斋，我也说聊斋，喜怒哀乐一起那个都到那心头来，鬼也不是那鬼，怪也不是那怪，牛鬼蛇神它倒比正人君子更可爱。"这就是灵动的效果。

4. 传统文化体现三教融合

中国文化的一个突出特点就是儒释道三教融合，这种融合不仅促进了文化的创新，也使文化具有了灵动的特点。儒家求仁尚礼，是厚重沉稳的；道家顺随自然，是轻灵多变的；佛教以慈悲为怀，是智慧灵动的。尤其是"慧能革命"，使佛教本土化，"不立文字，教外别传，直指人心，见性成佛"，妙谛要以心传心，要自心体悟，则更加智慧灵动。

禅宗那些师徒对话，话锋灵动，智慧深邃，真是无上妙境，那些禅师可谓是最早的灵动课堂的建构者。达摩祖师问："你来求什么呢？"慧可回答："我心不安,乞请师父为我安心。"达摩说:"你把心拿来,我给你安。"慧可思索半天,回答:"我找来找去,找不到我的心。"达摩祖师回答:"我为你把心安好了。"

当然孔子也有灵动的课堂,《侍坐章》有记载,孔子的课堂上曾皙可以弹琴,而且说出那么一段精彩的话:"莫春者,春服既成,冠者五六人,童子六七人,浴乎沂,风乎舞雩,咏而归。"这个灵动情境,让人难忘。

而讲到道家的灵动课堂,老子和孔子的会面算是一堂,但是让人灵魂触动的还是庄子和惠子的桥上问答。庄子与惠子游于濠梁之上。庄子曰:"鲦鱼出游从容,是鱼之乐也。"惠子曰:"子非鱼,安知鱼之乐?"庄子曰:"子非我,安知我不知鱼之乐?"惠子曰:"我非子,固不知子矣;子固非鱼也,子之不知鱼之乐,全矣!"庄子曰:"请循其本。子曰'汝安知鱼乐'云者,既已知吾知之而问我。我知之濠上也。"

中国文化的三教融合,成就了中国文化的绚丽多彩,也使中国文化具备了包容性和创新性,既沉稳,又灵动。沉稳是基础,灵动是升华;没有沉稳,灵动就成了无本之木;没有灵动,沉稳就变为木讷的笨拙。崇尚"灵",追求"灵",创造"灵",中国就有了灵的民俗,灵的文学,灵的文化。而灵动课堂,便有了深厚的文化基础。

培养学科素养　构建灵动课堂

广州外国语学校　郭坤峰

摘要： 本文探究"灵动语文课堂"的特征，思考通过灵动课堂培养学生学科素养的策略方法，结合教学实践总结自己构建灵动语文课堂的途径。

主动、互动、灵动是我们提倡的教风和学风，其中灵动是每一位语文教师希望达到的一种教学境界，它会使学生如沐春风，使教师获得极强的成就感，对于培养高中学生的语文学科素养大有裨益。

那么灵动语文课堂的特征是怎样的？它在语文学科的学科素养培养上有什么作用？如何构建具有灵动特质的语文课堂？本文将紧紧围绕这三个问题，进行初步的探究。

关键词： 学科素养；灵动课堂；灵动的特征；构建的途径

一、灵动语文课堂"三灵合一"

"灵动教育"是我国教育工作者顺应教育形势提出的研究课题，是素质教育的真实需求，是力促学校个性发展、内涵发展、品质发展的教育策略和途径。一般认为，灵动教学是一种回归本性的教学，它顺应学生的天性，激发学生的灵性，增长学生的智慧。灵动教学是教学的返璞归真，它基于学生，为了学生，真正以学生的发展为出发点和最终归宿。灵动教学是为了让教学回归到"人"上，也就是回到教学即"人学"上来，它要求教师遵循教学活动的客观规律，在教学中用相对较少的时间和精力投入机械性记忆的知识准备，更多地去研究学生学情，考虑教学情境的设计、与学生形成良好的生命互动，去获取尽可能好的教学效果，实现知识与技能、过程与方法、情感、态度、价值观落实的最优化，从而实现特定的教学目标，满足社会和个人的教育价值需求。

林瑞英在《灵动语文课堂构建的四个支点》中认为，在语文课堂上创设有效的学习活动是构建灵动语文课堂的基础，引导是灵动语文课堂的金钥匙，变化是灵动语文课堂的活力，情感是灵动语文课堂的灵魂。语文课堂需要多一些语言实践的活动，多一点适时恰当的引导，多一些富有深意的变化，多一份人文关怀的情感。因此,要致力于构建鲜活、生动、高效、充满灵性的语文课堂。

基于以上的论述,我们认为"灵"含有灵活、灵气、灵巧、灵敏、机灵、心灵手巧等意思,"动"含有活动、运动、触动、感动等意思。"动"是形式、载体和途径,"灵"是特征、目标和结果。没有"动"就无法达到"灵"的境界;没有"灵","动"就是妄动、乱动。所以在语文教学活动中,我们要根据教学目标、学生实际,遵循客观规律,设计科学的语文教学活动,让学生动手、动口、动脑,从而掌握学科知识,培养学科能力,拥有学科素养,学生乐学,教师善教,课堂春潮迭起,师生意气风发,这样的课堂才是灵动课堂,这样的教学才是灵动教学。

在这样的语文课堂上,学生"灵手主动",生生"灵思互动",师生"灵魂触动",这样的教学师生会终生难忘。灵动课堂是"灵手、灵思、灵魂"(简称"三灵")的合一,是遵循教师主导、学生主体、课堂高效的结果。

二、灵动语文课堂"四方兼顾"

教育部2017年颁布的《普通高中语文课程标准》明确指出,"语文学科核心素养"是指语文素养的核心要素和关键内容,主要包括"语言建构与运用""思维发展与提升""审美鉴赏与创造""文化传承与理解"四个方面。这四种语文学科素养中,"语言的建构和运用"是核心中的核心,它是语文之所以是语文的重要特征,但是在灵动语文课堂中,不能顾此失彼,这四个方面要兼顾,努力统筹推进。

第一是在教学中四者兼顾。我们进行"基于中学语文学科核心素养的灵动教学"研究,构建灵动语文课堂,对于培养学生的语文学科素养、提升教学的效益大有裨益。另一方面可以通过引领、促进学生参与语文课程学习,培养学生的综合素养,改变语文教学中存在的"知识本位"现象;另一方面可以帮助学生提升语言建构能力、思辨能力、审美能力、文化传承能力,从而全面提高语文学科素养。

在灵动语文课堂教学中,我们不能把学生当作语文知识的容器,而要利用多样的、鲜活的课程与教学资源,深入挖掘教科书和教学素材所蕴含的灵动教育内涵,在进行知识教育的同时培育学科思维,提升学生语文学科素养,努力触动学生灵魂。在语文课教学中践行灵动教育理念,鼓励学生主动学习、互动交流,提升创新意识、创新能力,进而润泽学生心灵。将课堂教学与社会实际紧密联系起来,让学生在交流与合作中激活思维,激发想象,使思维灵动飞扬,在学习与实践中应用和建构语言,形成自己的语言建构的特点,提升对美的鉴别力和创造力,陶冶学生灵气,不断深化灵动语文教育理论与实践。

第二是在评价中四者兼顾。建立促进语文学科核心素养发展的评价体系,探索、运用多元评价机制,综合评价学生的语言建构能力、辩证思维能力、美的鉴赏和创作力、文化的传承和理解能力。在评价时,这四者虽然占的比例不一样,但都要评价。具体到一份试卷中,无论题型如何变化,这四个方面的素养都要涉及。

三、灵动语文课堂"五位一体"

贯彻执行党的教育教学方针,立德树人,培养学生语文学科素养,构建灵动的语文课堂,需要学生、教师、教材、情境、活动五个方面兼顾,统筹推进,不妨也叫作"五位一体"。

在灵动语文课堂中,学生应该主动积极参与课堂,做课堂的主人。

于教师而言,在灵动语文课堂中,教师首先要尊重学生主体地位,"以生为本",同时应发挥个人主观能动性,积极引导学生。在教材的处理方面,构建灵动语文课堂,要求教师在深入理解教材和教学资源的基础上,科学灵活地使用教材,改变"多、慢、费、差"的现象,可以深文浅教,也可以长文短教,更需要单元整合教学、模块专题教学。

在具体的教学过程中,教师应当注重课堂活动与情境的设置和构建。情境是一种符合教材内容又切合学生实际的情感氛围,对于学生理解课文、培养素养有着重要作用。教学情境是课堂教学的基本要素,对于激发感情、培养品德具有莫大的意义和价值。创设逼真的生活化教学情境是教师应该修炼的一项重要能力,要想构建灵动的语文课堂,设置情境是非常重要的。科学的教学情境具有生活化、形象性、学科性、问题性和情感性等特点,一旦构建了这样的学科情境,语文课堂的灵动效果就极有可能出现。

活动和情境是紧密相连的,甚至可以说是融在一起的。情境为活动而设,活动因情境而活。活动是灵动语文教学的载体,这里包括"一问一答"的传统活动,但是绝不仅仅是这些,我们要设计科学多样的活动,如演讲、辩论、表演等,不一而足,让学生在活动中掌握知识、提升能力,形成素养。

我们不妨以《梦游天姥吟留别》为例,看看灵动语文课堂是如何构建的。如果按照以前的授课方式,就是朗读课文,分析课文,背诵课文,不能真正激发学生学习的主动性,课堂有可能比较沉闷。但是根据灵动语文课堂的要求,我们可以设计生活化的情境,通过丰富的活动来学习本课。

活动一:如果你是李白,你来到了高一(5)班,请你用第一人称的方式向大家讲述你的梦境。

(表述模式为:各位同学,大家好!我就是被称为谪仙人的李白,很高兴可以和大家见面,我今天和大家分享一下我梦游天姥的经历……)

这个活动让学生转换身份,进行角色扮演,学生很感兴趣,对于培养学生的语言建构和表达能力很有帮助,另外我们可以根据学生的表述来判断学生对于诗歌中的美的感悟力和表现力,一举两得。

活动二:有人说李白的梦是噩梦,也有人说李白的梦是美梦,那么下面我们举行一场小型辩论,探讨一下李白的梦是美梦,还是噩梦。我们要有正方,有反方,自由辩论2分钟,总结陈词3分钟。

这个活动可以引导学生深入阅读文本,找到文本里面的依据,也可以调动学生的知识储备,让学生知人论世,深入理解李白的梦境。这个活动可以培养学生的思维能力。当然老师总结的时候,可以说李白的梦既是美梦也是噩梦,因为梦具有象征意义,这里隐含了他对官场凶险的恐惧,也有对美好理想的渴望。

活动三:大家可能都看过《盗梦空间》这个电影,这个电影中梦是有层次的,如果按照这个观点,你觉得李白的梦有几个层级?你如何理解每一个梦境的内涵呢?请写一篇小论文,谈谈你的看法。

活动四:弗洛伊德的《梦的解析》中有本我、自我、超我的说法,"本我"象征自己的欲望,"自我"联系着现实,"超我"是精神的自我。你能否使用本我、自我、超我的理论来分析李白的梦境呢?请写一篇小论文,谈谈你的看法。

这两个活动可以促进学生的深度学习,不仅培养学生的语言表达能力,也可以培养学生的思辨能力,如果操作得当,学生会灵手主动,灵思互动,灵魂触动,语文课堂一定会有灵动的生成。

下面是第三个活动的范例——《李白梦境的四层理解》,收录如下,仅做参考:

在《梦游天姥吟留别》中,李白所写的梦应该有四层(受《盗梦空间》的启发），分别为：登山观海之梦、迷花倚石之梦、洞天福地之梦、白鹿青崖之梦。根据四层梦的特点，结合李白长安之行的遭际，可以分析或者推测梦的内涵。

登山观海之梦。这层梦境，以攀登为主要动作，以闻天鸡和观海日为结局，经过艰辛攀登终于"一览众山小"。这类似于他对仕途的追求，过程艰辛，但最终被皇帝征召，"仰天大笑出门去，我辈岂是蓬蒿人"。

迷花倚石之梦。在这层梦境里，李白显然已经进入了一个道路曲折而鲜花坠枝的地方，他沉浸其中，物我两忘。这似乎和他在长安供奉翰林，在锦绣繁华地、温柔富贵乡忘归的情景相似。"昔在长安醉花柳，五侯七贵同杯酒。气岸遥凌豪士前，风流肯落他人后。"李白沉醉了，忘我了。

洞天福地之梦。进入这层梦是有一个前奏的，先是光线变暗，雨云密布，然后电闪雷鸣，洞府打开。这时李白看到了一个金碧辉煌、神奇浪漫的世界。这里仙人聚集，云蒸霞蔚，鸾凤和鸣，灵虎奏乐。这层梦境的情形和李白的许多游仙诗文的想象很相似，它是神仙世界和仙家天地在李白梦中的投射与呈现，表现了道教文化对李白思想的影响。这个想象的世界光明、自由、和谐、快乐，是李白理想的精神世界的象征，是他真心向往的梦境。

白鹿青崖之梦。这层梦境，有觉时枕席，更有白鹿青崖。这层梦其实是通往第三层梦境的通道，而叩开洞天石扉的凭借就是白鹿或者是诗人手中的仙杖。

总而言之，李白的四层梦境曲折地反映了他的现实经历，连接他的思想感情，体现他的情志、怀抱。第一层和第二层是一个破碎了的美梦，又是一个让他惊心动魄的噩梦，第三层是一个自由美好的美梦，是诗人十分渴望的，但是它的短暂性、易碎性是先天的，从这个角度说它又何尝不是噩梦？

弗洛伊德说，梦是一种愿望的达成，是清醒状态下精神活动的一种延续。李白对于现实黑暗的痛恨，对于精神自由的追求，对于人格尊严的坚守，可以清楚地看出来。当然，四层梦境也可以用弗洛伊德的本我、自我、超我的理论解释。本我象征自己的欲望，在仕途上的攀登，正是本我的表现；梦醒后的理性选择该是自我的表现；而对于人格尊严的坚守，对于精神世界的追求恰是超我的表现。

灵动语文课堂"三灵合一""四方兼顾""五位一体"，努力引导学生灵手主动，灵思互动，达到灵魂触动的境界，让学生动手、动脑、动口、动情，既传授语文知识，也提升语文能力，更培养语文素养，对于深化语文阅读和写作等教学大有裨益,是一条中学语文教育的创新之路,希望与大家一起继续探究和实践。

参考文献

[1] 林瑞英.灵动语文课堂构建的四个支点[J].福建基础教育研究,2016(9):49-50.

[2] 教育部.普通高中语文课程标准(2017年版)[S].北京:人民教育出版社.

[3] 弗洛伊德.梦的解析[M].北京:国际文化出版公司,2013.

灵动语文课　雨后春意浓

广州外国语学校　郭坤峰

从课堂教学的角度来看,灵动是一种状态,灵动是一种境界,灵动是师生和教材交相融合后达到极致的一种产物。这样的课堂让人好像坐在春风中,看一树一树的花开;这样的课堂,让人的灵魂如兰花上的露珠,不停地颤动;这样的课堂到高潮处,就会使心湖的水涨潮,涨到眼眶这里,凝聚成泪珠。

如果要给"灵动"下个定义,确实很难,但是我们可以结合具体的课例来感受。

我记得听程翔老师讲的《再别康桥》,他讲到其中的一句"波光里的艳影,在我的心头荡漾",为了让孩子们理解"荡漾"二字的妙处,他提了一个问题:同学们,你"荡漾"过吗?这一个问题激发了学生的思维,学生纷纷回答自己"荡漾"的状态和感觉。这样,在学生们的心中,意象和意境复活了,在学生的心湖当中,"金柳"和"新娘"的形象,在粼粼波光中闪动,久久难以消失,而且让人产生一种过电的感觉,让学生充分理解了徐志摩对康河的热爱。

我记得自己讲过史铁生的《我与地坛》这一课,我一共设置了三个问题:我是谁?地坛是什么?我和地坛是什么关系?三个问题激发了学生的灵感,巧妙的回答不断出现,推进了学生对文章的理解。

我是作者,我是史铁生,我是残疾人,我是受伤者,我是心灵的突围者,我是生命的探寻者,我是一个哲人,我是一个诗人,最后,我是一个觉悟者,因为我悟透了生死,突破了心灵的困境,找到了灵魂栖息的方式。

地坛是一个古老的建筑,地坛是一个心灵的栖息地,地坛是一个苦难的收容所,地坛是一个精神的禅修地。

对于地坛来说,我是一个发现者,我发现了这里面生命的秘密;对于我来说,地坛是一个启迪者,它虽然不言语,但他像一位得道的高僧,"不立文字,教外别传",启迪我发现生死的秘密,启发我拥有生命的觉醒时刻。

当学生们回答出那些闪光的词语的时候,我的心灵在震颤,我想很多学生的心灵也在震颤;当学生们说出那些隽永的语句的时候,我的认识在提升,我在思考我该怎样安放自己的生命,怎样在这世间栖息自己的灵魂。

我不知道我的这一节课是不是灵动的语文课堂,但是我觉得它至少具有了灵动课堂的一些特点。灵动语文课堂应该具有以下三个特点:

1."雨后春草"思灵动

在灵动的课堂中,学生的活跃不仅表现在气氛活跃上,更主要的是表现在思维的活跃上,学生积极主动地去思考,思维的广度和深度达到了新的境界。学生的思维就像雨后春草,不停蔓发,不可遏止。

在学习《散步》这篇文章的时候,师生一起读到了下面的文字:

"这南方的初春的田野!大块儿小块儿的新绿随意地铺着,有的浓,有的淡;树枝上的嫩芽儿也密了;田里的冬水也咕咕地起着水泡儿……这一切都使人想着一样东西——生命。"

我提出了这样一个问题:结合全文来看,你悟出了生命的哪些内涵?这些和本文对亲情的歌颂之间有什么关系?我以为这个问题非常难,七年级的孩子应该回答不出来,但是实际情况是,这个问题激活了学生的思维,学生积极举手,回答出了很多让我意想不到的答案。

同学们悟出了生命的脆弱和坚强,生命的代谢和延续,生命的平凡和伟大,生命的短暂和永恒等。生命的这些特点和内涵,更衬托出亲情的伟大,有了亲情,脆弱的生命可以变得坚强;有了亲情,生命才能够得以延续和传承;有了亲情,平凡的生命也会有伟大的时刻,才能使人们毅然决然地承担起责任和使命。同学们思维的灵活和深刻,让我几乎不敢相信这些孩子是七年级的学生。所以设置具有思维分量的问题,对于构建灵动课堂是非常有必要的。

2."雨后春笋"生成多

灵动的语文课堂生成性会很强,在师生、生生互动当中,激发灵感,产生火花,那些生成的东西,是备课时无法预设的。这样的课堂需要结合学生的生活实际,创设情境,让学生将自己带入其中,仿佛就是自己在经历,自己在体验着。

例如在学习《济南的冬天》这一课的时候,我就设置了这样的一个情境问题:如果你是一名导游,带领着七年级一班的同学游览冬天的济南,请你写一篇导游词。语言形式为:亲爱的朋友们,大家好!我是齐鲁旅行社的导游××××,今天由我带领大家游览冬天的济南,首先我介绍的是……没有想到的是学生写出很多精彩的导游词,然后再让学生当堂表演,他们将历史、地理、语文融为一体,生成了更多新鲜的东西。在这样的课堂上,教师会有很多奇妙的感觉。

3."雨后春山"心灵美

灵动的课堂不仅仅是指向考试的,更重要的是指向学生的思想和灵魂的。孔子有这样的课堂,阳明先生有这样的课堂,苏格拉底有这样的课堂,柏拉图有这样的课堂,于漪先生有这样的课堂,孙双金老师有这样的课堂……大家可以去阅读他们的著作,一定会找到这样的情形,一定会有所感受和体悟。

且看下面一段话:

先生游南镇,一友指岩中花树问曰:"天下无心外之物,如此花树,在深山中自开自落,于我心亦何相关?"先生曰:"你未看此花时,此花与汝心同归于寂。你来看此花时,则此花颜色一时明白起来。便知此花不在你的心外。"

是不是觉得很妙,是不是很灵动,是不是使人思想提升,灵魂净化?

我因为是语文老师,举的都是语文方面的例子,我希望我们的老师能帮我找到其他学科的例子。希望我的这篇文章对大家有启迪,大家一起努力高效营造"主动、互动、灵动"的学风。

附录:《回忆鲁迅先生》阅读教学灵动设计

本篇课文是自读课文,怎样自读才能落到实处,让学生真正获益,而且切合灵动语文教学的标准,我确实费了一番心思。

第一,让学生充分预习,完成课文旁边的题目并且做批注。

第二,提前做好角色分配。安排一位同学(朱艺臻同学)扮演著名作家萧红女士,安排六个小组为六个新闻媒体,建议分别选择新华社、人民日报、中央电视台、广州电视台、南方日报、广州日报。让六个小组的组员担任本组分配到媒体的记者。

第三,召开记者招待会。请学生们围绕《回忆鲁迅先生》这篇课文,向扮演萧红女士的同学提问。

主持人(郭坤峰):各位记者,大家好!欢迎大家来到本次记者招待会的现场,今天我们有幸请来了著名作家萧红女士,将围绕"回忆鲁迅先生"的主题,召开记者招待会。下面请大家用热烈的掌声欢迎萧红女士和大家见面!

萧红(朱艺臻):各个媒体的记者们,大家上午好!我是作家萧红,我原名张迺莹,是黑龙江呼兰(今属哈尔滨)人,我的代表作有《生死场》《呼兰河传》

等,很荣幸能有这个机会和大家见面,一起来回忆鲁迅先生,一起来回忆鲁迅先生生活中那些微小,但却体现了他伟大精神的瞬间。请各位积极发问,谢谢!

主持人(郭坤峰):各位记者,大家好!我现在说一下现场的纪律:第一,请大家把手机调到振动状态;第二,举手发言,被点到的时候方可提问;第三,保持现场的秩序。现在进入提问环节,请举手。

新华社记者(梁嘉恩):我是新华社记者梁嘉恩,我想问一下萧红女士,有人说您的《回忆鲁迅先生》这篇文章就像是一篇流水账,你怎么看?

新华社记者(班洪熙):我是新华社记者班洪熙,请问您创作《回忆鲁迅先生》这篇文章,是为了表达您对鲁迅先生什么样的感情呢?

人民日报记者(方梓旭):我是人民日报记者方梓旭,请问您和鲁迅先生是怎样结识的?您创作《回忆鲁迅先生》这篇文章的背景和原因是什么?

滨海学校饭堂报记者(张智皓):我是滨海学校饭堂报记者张智皓,我想问一下萧红女士,您有没有看过《鲁迅之死》这篇文章?您对这篇文章如何评价?("滨海学校饭堂报"这一名称是学生上课时灵机一动而想到的)

南方日报记者(刘琪佑):既然您是写鲁迅先生的,为什么还要写鲁迅先生的家人,还要写周建人一家和鲁迅先生的朋友们?您觉得鲁迅先生是一个怎样的人?

广州日报记者(潘诗睿):当您从卖油条那里得到鲁迅先生创作的原稿,您是什么样的心情呢?您怎样看待鲁迅先生让客人用自己作品的校样擦手的举动?

……

萧红女士都一一做了解答……

主持人(郭坤峰):今天我们的记者招待会就到此结束,各个媒体记者非常积极踊跃,但是时间有限,以后如果有机会,我们还会举行类似的记者招待会,邀请著名作家、科学家以及其他各个领域的先进人物来到我们的现场。感谢大家,这次记者招待会圆满结束,谢谢!

第四,教师评价。各位同学都积极主动,朱艺臻同学也表现优秀,我们同学的提问能力还略显不足,大部分同学提的问题都还是书上的现有问题,自己提出来的原创性的问题较少。古人云:"学贵有疑,小疑则小进,大疑则大进。"希望同学们继续努力,提高自己发现问题的能力。

教后反思：

1. 这节课的设计，充分凸显了学生的主体地位，调动学生积极主动地参与，是自读课阅读教学的一次有益的尝试。

2. 这节课的效果较好，课堂气氛非常活跃，学生的思维含量比较高，绝大部分同学有学习的主动性，生生互动成了课堂的主体，在灵思互动方面不少学生有一定的收获。

3. 这节课的不足之处：还有一小部分同学没有参与到活动中，主持人的角色也可以由学生来扮演，课后拓展工作做得不到位，完全可以让同学们以记者的身份写一篇采访稿。

语文课堂评价　可以有点文化

广州外国语学校　郭坤峰

小组合作是一种很不错的学习方法,很多语文老师都在课堂上使用。在评价环节,有的老师会在黑板上画出表格或者写出各个小组,以便及时反馈打分。这种方法固然很好,但是评分、打分会打断上课的正常节奏,使流程不完整,课堂不流畅。

为了解决这个问题,我采用了积分的方法。首先,参考班级人数等方面为同学们分出学习互助小组,之后,课堂上各小组成员参与课堂问答的情形,由教师当场评价,由组长与课代表记分,一周总结一次,教师从此不需要再在黑板上画表记分了。

积分的等级分为四级:不可以、可以、很好、非常好。"不可以"要扣5分,"可以""很好""非常好"分别加5分、10分、15分。为了及时反馈,可以让语文课代表每节课之后,在班里宣布各组的得分。

这一套打分的标准固定下来,时间一长,师生之间就会形成默契。上公开课的时候,我们又增添了学生互评的环节,虽然有时同学们观点相左,互不相让,但却极大地提高了学生参与课堂的积极性。在反复磨合中,我们的课堂又形成了"可以""很好""非常好"这样三个简明的评判等级,学生参与度的提高使得整个课堂活泼又灵动,听课的老师不明所以,却也听得饶有趣味。

我有一次陪陆蓓校长听语文公开课,在评课环节,陆校长提到小学一年级课堂纪律的管理,可以使用口令管理,最好是结合学科创建一套具有学科特色的口令。这个建议启发了我,怎样让我的评价更加具有语文学科特色呢?我不停地在脑子里酝酿,有一天半夜我突然想到了语文课堂评价可以用几句古诗,就悄悄地起身把它写下来。

这套语文评价口令如下:不可以——不识庐山真面目;可以——不畏浮云遮望眼;很好——登东山而小鲁;非常好——登泰山而小天下。

"不识庐山真面目",意思是说没有抓住问题的本质,没有能够正确地回答问题,所以是"不可以",扣5分。

"不畏浮云遮望眼",意思是说,敢于回答问题,敢于去探究的态度可嘉,但是回答得还不够精准,不够全面,所以评定为第二等级"可以",加 5 分。

"登东山而小鲁",意思是说,在回答问题的时候,回答对了大部分,达到了"登东山"的境界,但是还没达到"登泰山"的境界,所以是"很好",加 10 分。

"登泰山而小天下",是指回答问题很精准,很全面,很到位,很深刻,就像孔子一样登上了泰山就觉得天下变小了,这样的回答"非常好",加 15 分。

还有一个加分规则,就是有公开课的时候,或者是有三位老师来听课时,那么对于各个组的评分可以是加倍——2 倍或者 3 倍。加分是一个外在的刺激,最主要的目的是促进学生灵手主动、灵思互动,从而促进内在驱动力的产生。

这样的一套加分口令,也不是一成不变的,老师可以根据所学的内容进行调整,一个月调整一次或者是两个月调整一次。例如这一段时间学生学习的主题是四季,那么就可以用描写四季的四句诗,对应四个加分的等级;过段时间学生阅读的是《西游记》,那么就可以用《西游记》中四个人物具有特征的语言来对应四个等级。

课堂评价是灵动语文课堂的重要组成部分,评价反馈要及时,要科学,要有学科的特点,这对于构建灵动的语文课堂会大有裨益。

线上教学如何推进师生互动

广州外国语学校　郭坤峰

线下教学,是面对面的交流,可以保证信息的及时传递,可以确保微表情的迅速捕获,可以促进隐含信息的准确解码。线上教学,要借助腾讯课堂、钉钉等软件,这是隔着屏幕的交流方式,它突破了时空的限制,实现了古代神话当中的"千里眼""顺风耳"的功能,但是它的缺陷也是十分明显的,无法实现对信息的及时迅速解码,更无法及时体验到面对面交流的情绪变化之微妙。所以从这个角度看,线上教学无法替代线下教学。

为了防控疫情,2022年4月,全市中小学开展线上教学,那么如何尽量减少线上教学师生互动存在的缺陷,激发师生的互动热情,确保教学的效果,本人有以下几点思考。

一、增强互动意识

线上教学中最省事的方法是讲授法,在这种情况下,课堂是教师的"一言堂",教师可以从头讲到尾。讲授法也是有效果的,如果教师能够像评书演员和相声演员那样,讲得一波三折、活灵活现,也能吸引学生,产生一定的效果。但是我们并不是演员,大部分老师无法达到这种境界,所以教师要克服惰性,增强师生互动的意识。意识的问题是一个首要的问题,解决了思想意识问题,那么方法技巧就想得出,大概率也能做得到。

二、更新教育理念

广州外国语学校教育集团在课堂教学方面有非常好的理论,那就是"两主一效"和"主动、互动、灵动"。要思考线上教学如何体现"两主一效"(以教师为主导,以学生为主体,开展高效课堂),如何坚守教师的主导地位,如何突出学生的主体地位,如何实现课堂高效。要思考怎样让学生主动,怎样丰富互动的途径,怎样实现线上教学的灵动。

我想教师在备课时一定要紧扣"导"字,这就要求教学环节清晰且有逻辑性，教学内容准确且有科学性，教学情境真实且有趣味性。同时，突出学生主体地位，还是要想尽办法让学生去说、去讲、去思、去写，线上教学中学生反馈不如线下教学及时，那么老师就需要耐心一点，多给学生一些时间。我想这样的课堂还是有达到高效的可能。此外，要激发学生的主动性，还是少不了目标引领、趣味驱动、及时反馈。线上教学在及时反馈方面有巨大的优势，结果的及时呈现，对于提升学生学习的积极性大有裨益。

三、创新教学方法

在线下教学时，我们使用设置情境、互动游戏、分组讨论、现场表演等多种方法促进师生的互动，那么这些方法能否用于线上教学，如何转化成线上教学的教学技巧，是需要思考的。方法总比困难多，我想情境还可以设置，游戏还可以进行，分组也可以挪到线上，我们一边思考一边尝试，一边实践一边总结。线上的教学资源极为丰富，文字、歌曲、视频等，教师可以容易拿来，拿来以后要结合自己的教学实际，合理使用，这对于师生互动很有好处。

学生的回答，形式可以多样，可以是语音，可以是文字，也可以是视频。至于学生喜欢用的各式各样表情包，也可以作为互动的形式。在这个方面，我们可以向一些优秀的主播学习，学习他们的满腔热情，学习他们的胆大心细，甚至他们所使用的一些规范的网络流行词，也可以借用。

总之，要让学生有代入感，要让学生有身临其境之感，要让学生成为线上课堂的主角，要让学生有闯关获胜的惊喜等，如果能够做到这样，我想线上课堂的互动可以刷新师生沟通方式的认知，如此，线上教学的效果也可以达到甚至超过线下教学的水平。我们是否可以学习可汗学院的做法？先把老师的教学视频录下来，例如一节40分钟的课，分为4个10分钟片段录制，编辑成四个游戏关口，然后放在网上让学生学习，学习以后则完成指定的作业，最后由老师收集学生的问题，再通过线上课堂为学生答疑。这种做法前面主要是突出学生的学，最后再突出老师的教，根据可汗学院的经验，效果应该不错，我们的各学科老师可以尝试一下。

线上教学已经不是一个空白的领域了，但是它留给教师的空间还很大，用"宇宙"来形容也不为过。面对这样的一个领域，我们应该有探索的浓厚兴趣。希望每个老师都去开拓自己的空间，拥有自己线上教学的精彩。

初中语文课堂中灵动教学方法研究

广州外国语学校　刘丹丹

摘要: 语文是九年义务教育阶段的重要课程,是培塑初中学生人文精神的重要载体。根据新课程标准改革要求,本文针对当前语文课堂普遍存在的问题以及初中学生的心理特点,结合日常教学实践成果,研究并提出了灵动教学方法,取得了较好效果。灵动教学,应该是教师创造性的"教"和学生快乐式的"学"的过程。在教学过程中,不以牺牲教师成就学生,更不以牺牲学生成就教师,教学过程是学生与教师共同成长的过程,发展学生的同时也发展教师自己。

关键词: 初中语文;灵动教学;教学策略与方法

引言

德国著名教育家第斯多惠说过:"教学的艺术不在于传授本领,而在于激励、唤醒和鼓舞。"笔者亦认为,好的教学课堂应点燃学生学习的智慧火花,激发学生学习的兴趣,激励他们积极投入到学习中来,促进学生更有效、更快乐地学习,要从根本上触动、感动学生的灵魂,也称之为灵动教学。初中阶段的语文课堂,正是青少年学生开始深刻汲取传统文化营养、塑造人生观和价值观的载体,在学生身心健康的引导上具有天然优势,灵动教学尤为重要。

一、初中语文教学存在的问题

1. 忽视学生的主体地位

主要表现为填鸭式教学依旧普遍,课文讲授虽然增加了新颖的多媒体课件、小视频等内容,但是"老师讲、学生听"的现象仍是主流,引导性思考、自主性领悟的教学方式欠缺。主要原因是随着网络多媒体触角的全方位延伸和社会人口的快速流动,学生成长环境更加复杂,个性差异更加明显,学生的多样化本已给因材施教增加了新的难度,与此同时,教师备课时间紧、课堂40分钟有限,教师普遍很难保证充分、细致地处理每个教学环节,简单的填鸭式教学成为躲避学生个性化需求的普遍方式。

2. 忽视学生的心理感受

主要表现为学生心里想什么、接不接受、难在哪里等问题,普遍没有受到关注,很多学生对语文课文有排斥情绪。主要原因是新时代的学生成长经历不同,对语文课本中的中心思想、精神内核都有不同的认识和粗浅看法。尤其是,初中学生普遍进入青春期,身心都处于不断快速发展阶段,心理状态相对不稳定,在追求他人的认同和个性上表现得尤为明显,师生互动中"一言不合"就"翻脸排斥"。他们面对写作、演讲等动手、动嘴、动脑的科目,很想表达个人观点,但又担心有悖主题,或者表达得不好而丢了面子,从而变得更加敏感。

3. 忽视语文课程的丰富内涵

主要表现是诗歌、小说、文言文、现代文章等各种题材一个模式教,色彩单一、节奏单一,存在个别学生昏昏欲睡的情况。出现这种情况的主要原因是在教学方式、手段上存在问题,老师对突破传统教学方式有所顾虑,对课文的呈现形式想得不深、用心不够,没有意识到语文课程对学生心灵的塑造作用、对学生价值观念的引领作用,更没有意识到传统文学是色彩斑斓的万花筒,是滋润学生心灵的美丽花园,进而没有动力创设丰富的教学情境。

二、灵动教学实施策略与办法

1. 开阔教学思路,引导学生自主发展

学生主体的多元化,对应着教学方法的灵活多变。以初中七年级语文上册(人教版)《秋天的怀念》为例,首先要引导学生自主预习,教师可让学生自行概括文章的内容,以及思考:双腿瘫痪后"我"是怎样的状态?面对"我"的暴怒悲观,母亲是怎么说的,又是怎么做的?当学生在讨论过程中出现问题时,教师也可利用小组讨论的方式,让学生继续深入思考并探讨,希望通过小组的讨论,碰撞思维的火花,另外,对于小组讨论后无法解决或者遗留的问题,教师再进行一定的引导和指导。例如,面对"我"的暴怒悲观,母亲是怎么说的,又是怎么做的?学生概括的内容可能没有那么全面,此时,教师善加引导会取得更好的效果。因此,灵动的教学,不仅仅是学生积极主动的思考,还有教师恰到好处的引导。另外,引导学生思考:作者在文中多次提到菊花,有何用意?通过小组自主的讨论和教师有意的引导,带领学生概括出来:①母亲带我看花，是想唤起我生存的欲望；②菊花的淡雅高洁，是母亲品质的写照；③菊花热烈深沉，是母爱的写照；④母亲爱花，我看菊花是对母亲的缅怀。学生自己主动思考后，教师再进行适当的引导，这样学生对《秋天的怀念》传达的思想感情的认知会更加深刻。

2. 提升教学本领，引导学生心灵共振

首先，教师要具有终身学习的理念，不仅要提高语文学科的素养，还要积极提高自身的信息素养。其次，在教学的过程中，将信息技术合理地运用到教学中，以八年级语文上册（人教版）《记承天寺夜游》为例。首先，教师可以利用互联网环境进行微课教学，如寻找苏轼生平事件的微课，以视频的方式让学生学习，微课视频较为简短，内容较为精练，学生在观看视频的过程中，注意力会得到极大的提高。再次，教师在引导学生学习时，可以针对文章中出现的月夜景色，去寻找相关的图片，用多媒体展示出来，引导学生对诗歌内容进行想象。例如，文章中有"庭下如积水空明，水中藻、荇交横，盖竹柏影也"，教师可以找几幅图片，便于学生理解月光"空明"和"竹柏影"。教师还要引导学生对诗歌情感基调的认识，文章抓住一个"闲"字，"我"这样一个"闲人"产生了怎样的"闲情"呢？学生很容易领悟到"漫步的悠闲""赏月时的欣喜和自得"，再结合课前所学习过的微课，就不难理解贬谪的悲凉，以及文章最后对人生的感慨和自嘲。这首诗的感情是较为丰富的，利用好信息技术，结合文本的内容，引导学生逐层分析情感，最后教师还可以给学生拓展学习苏轼的《定风波》，让学生欣赏或吟唱，这对学生理解和记忆文章也是有帮助的。

3. 丰富教学情境，引导学生领悟内涵

初中语文课文，有一些具有艺术价值和内涵的文章，教师可对此加以注意，并利用文章特点创设丰富的教学情境。如以七年级语文上册（人教版）《皇帝的新装》为例进行课堂情景创设，教师可以让学生通过自荐或他人推荐等方式，选择扮演皇帝、大臣、骗子和小孩以及其他角色，让学生进行情景剧的表演，表演主要关注"做新装""看新装""穿新装""展新装"几个环节，学生随着情境的还原和创设，对于皇帝、大臣、百姓以及小孩等人物的心理活动和性格特点就会有更深刻的认知，把皇帝不自信而又心虚、愚蠢而又狡猾的性格特点准确地表达出来，不仅使人物形象鲜明，揭露了说假话成风、荒唐可笑的社会现象，而且深刻地讽刺了封建专制统治的腐朽。在情景剧的表演过程中,学生自主揣摩人物的性格和心理活动,深化了对文章主题的认识,也提高了学生的学习效率。

三、结语

灵动教学的课堂不是教师个人的表演舞台,学生也不是消极被动的受教育者,更不是课堂无秩序的混乱,而是双方积极参与、共同努力,建立的一种平等、民主、亲切、和谐的师生关系。灵动教学不以牺牲教师成就学生,更不以牺牲学生成就教师。教学过程是学生与教师共同成长的过程,发展学生的同时也发展教师自己。学习不再单纯是师生关系的中介物,而是师生主体致力于创造性"教"和快乐式"学"的载体。综上所述,在初中语文教学中,教师可将灵动教学的理念贯穿于自己的教学过程中,要引导学生主动思考,实现思维的多元拓展,提高学生学习语文的兴趣,加深学生情感体验能力的培养。

参考文献

[1] 张国军.课改背景下初中语文教学思路与方法的创新实践[J].课程教育研究,2020(14):61.

[2] 李永沛.初中语文教学思路与方法的创新研究[J].科教导刊,2020(12):160.

[3] 罗康.初中语文教学中的多元化教学方法探究[C].2020年教育创新网络研讨会:886.

[4] 于美娟.灵动,敲开高中数学学习的动力之门[J].数学学习与研究,2014(3):133.

灵动语文理念下初中语文综合性学习的教学思考

广州市南沙区滨海实验学校　蒲　敏

摘要：初中是学生养成良好学习习惯，培养核心素养的重要阶段。初中语文作为一门重要的基础性学科，在提高学生的创新能力和开阔学生的认知视野方面有着积极的作用。在新课改之后，语文新增的"综合性学习"环节，主要是为了培养学生的自主学习能力。"以能力为核心的语文素养的全面提升是综合性学习的目标"，其"语文性"也更为突出。贯彻落实新教材"立德树人"的理念，更具社会性和时代性。但是，目前的教学实践中还存在很多的问题和不足，最突出的就是学生学习的积极性不高。一些教师受到传统教育理念的束缚和一些教学方法的影响，不够重视"综合性学习"教学，导致了初中语文综合性课堂教学有效性不高的现状。本文结合语文"综合性学习"环节的教学现状，提出了在这一环节提高学生自主学习能力的措施。

关键词：语文；综合性学习；灵动语文；自主学习；情境模式

据统计，语文老师担任班主任的比例较大，这种现状不仅有利于班级的管理，而且还可以通过语文老师身上所具有的独特魅力来促进学生综合素质的提高。语文教材中涵盖了我国很多传统的文化内容与新时代的精神，利于培养学生的优良传统美德，间接锻炼学生的心理素质，为学生养成坚韧、稳重、成熟、完美的人格打下基础。在初中"综合性学习"教学活动中，结合灵动语文的理念，运用不同的教育手段来提高学生学习的积极性和质量。同时，通过开展情景课堂教育，培养学生养成自主学习习惯，使学生能够在今后的生活和学习中勇敢地面对不可避免的挫折和困难，较好地解决问题。

一、在初中语文综合性教学中培养学生自主学习的意义

初中语文的"综合性教学"，对于学生自主学习具有十分重要的作用。初中语文综合性教学内容是人教版语文教材改版后新增的内容，语文新课改新增这一版块是为了培养学生的自主学习能力，有效地促进学生的自主学习能力，发展思维能力。教师在教学过程中可以通过灵动语文的理念，以学生为

主体,有效地引导学生思考和分析问题,进而激发学生学习的积极性,在课堂上营造良好的学习氛围,提高学生的自主学习能力和创新能力。

初中生全面发展教育是指以初中生身心发展的现实与可能为前提基础,以促进初中生在德、智、体、美、心方面和谐发展的教育。初中生心理健康的教育关乎其一生的发展,而培养初中生自主学习则是初中教育的重要内容,反过来初中生自主学习教育亦可促进初中生的全面发展。课堂教学中学生自主学习和教师的主导性同等重要,正确把握两者的关系,才能实现有效课堂。因此,综上所述,对初中生进行语文自主学习教育,采用多样化教育形式,帮助初中生形成健康、全面的价值观念。

二、初中语文"综合性学习"环节教学现状

初中语文综合性学习涉及品德、人文素养等多个方面,以培养学生语文素养为宗旨,积极倡导让学生亲身经历以探究为主的学习活动,培养学生的好奇心和求知欲,加深他们对语文本质的理解,使他们学会探究解决问题的策略。但由于多种原因,这一环节的教学效果并不乐观,大多数教师的教学资源只是教材和教学参考书。在语文课上,很多内容都是由教师口授,学生记忆。我们也常常看到这样的教学现象:在讲述《商鞅立木》的时候,语文教师在课前花费大量的时间和精力设计教案、准备材料、制作教具,但是在课堂上师生互动性不强,教师没有引出已经设计好的教学观点,最终并不能达到预期的教学效果。新课程理念更加注重学生在课堂上的参与程度,然而通过教学调研发现,当前的初中语文课堂上学生的主体地位没有得到充分体现。这一现象对于语文"综合性学习"环节的教学是十分不利的。

三、改善初中语文教学方法,培养学生学习能动性

1. 创设情境模式,调动学生学习积极性

初中语文中有些内容是生动的,有些是枯燥的,"综合性学习"环节的内容少了文言文的大量背诵,少了现代文的理解赏析,相对而言,留给了老师很广阔的发挥空间,多种教学方式和手段也可以很好地利用,教师可以通过具有强烈的感染力和渲染力的教学方式,激发出学生对于生活的积极态度,对美好未来的向往。教师在"综合性学习"教学过程中,为了建立高效的课堂教学,创设教学环境是必不可少的。教师可以创设一个问题教学的情境,激发

学生学习兴趣,也可以采用分组的形式,提高学生的参与度,使得学生更加主动地参与到语文的学习当中。例如,在学习"小说故事会"时,配上舒缓的背景音乐,在多媒体上播放古今英雄人物、典型历史人物介绍,例如鲁迅笔下的"闰土"、《水浒传》中的一百单八将等,将这些人物的故事线整理出来。然后鼓励学生发挥自己的想象力,思考:如果自己是小说家,会怎么安排这些人物的发展?比如,如果自己是"于勒",在船上发现了自己一直欺骗的家人,会做出怎样的反应?如果他发现家人看到他的落魄而故意躲避他,他又会做何感想?是冲上去认亲,还是躲避?

2. 创新教学理念,活用教学方式

首先,改变教学理念。采用灵活、多元的语文教学思维,引入不同的语文事件、语文人物等,注重语文的艺术魅力,提倡多元化的语文教学。学习不同语文阶段,不同国家和地区的语言变迁史,使学生了解各国、各区域的语言、文化,正确地把握、处理国内外语言知识、语言技巧和文化背景。例如,在学习"君子以自强不息"的时候,按照教学要求,将班级按照座位的前后4人或者6人为一个小组,布置课后任务,让同学们搜集与"自信""自立""不屈不挠"相关的古诗词。例如,"君子求诸己,小人求诸人""故天将降大任……曾益其所不能"等。然后,将同学们收集到的经典古诗句整理在一起,组织同学们讨论如何才能自强不息,说说古今自强不息人物的典型事例。通过为学生布置课后任务,引导学生自主学习,调动学生学习的积极性。

其次,采用灵活的方式提高学生的语文素养,如举办语文知识竞赛、辩论赛,开展语文知识讲座,组织学生观看语文题材的电影和纪录片,在空闲的时间进行语文社会实践调查等。例如,《林教头风雪山神庙》一文,因为它属于文学名著选段,教师应该采用典型事例突出主线,组织学生在班级内调查有多少人读过《水浒传》,《水浒传》中的人物知道多少,最喜欢哪一个人物,对林教头的评价等。以这种方式逐渐锻炼学生自主学习的习惯,经过长时间的有效引导,让他们养成良好的学习习惯。又比如学习"文学部落"时,老师可以先布置预习,让学生根据老师布置的任务做一些诗词上的准备,在课堂上,可以模仿《中国诗词大会》,以"飞花令"的形式进行一场诗词竞赛,也可以通过图片猜一猜对应的是什么诗句等,这些形式都可以激发学生的兴趣,使得整个课堂不缺乏文学味。

3. 充分利用信息教学技术,拓宽学习渠道

利用现代化的技术,包括智能手机和"互联网+语文"等增加语文知识的获得途径,还可以综合运用现代网络、"翻转课堂"、"三位一体"等教学模式,提高学生的语文素养,进而提高学生的综合素养。而语文综合性教学内容中就有很多与时俱进的思想与新增教学内容,例如"网络词语小调研""用互联网学语文"。学生是对于时尚、潮流最为敏感的群体,组织学生在校园内随机选择不同的同学,收集他们所了解的最新网络用语,例如"点赞""666""萌萌哒""宅男"等,讨论这些网络用语的意思、使用语境以及这些网络用语是如何产生的。然后教师给学生布置任务,将收集到的网络用语进行分类,讨论网络用语兴起与被遗忘的时间段以及为什么会被人遗忘。最后,组织学生讨论这些网络用语是否可以运用在语文作文的写作中。学生将调研的整个过程整理之后写成报告,语文教师给出评论。

通过互联网,教师可以更好地利用视频、图片、语音资料,将不同的语文资料分享给学生,增加学生语文学习的积极性,逐渐培养学生的语文素养。例如,现代社会提倡"低碳""环保",而在综合性学习的演讲版块则恰好包含"环保"这一主题内容。在学习这一主题的时候,因为课本上相关的知识较少,可以鼓励学生上网查询什么是"低碳生活",具体做法有哪些等。然后,教师可以组织学生走出校园,观察我们身边哪些做法体现了"低碳"理念,用纸、笔、相机等记录下来。最后组织学生进行集体讨论,并且倡导在今后的生活中坚持低碳的生活习惯。

此外,通过互联网的教与学,可以进行知识共享,可以实行网络在线实时互动,可以突破时间、空间的限制进行远程交流。通过将相同、相似的语文知识进行串联记忆,将相关的语文知识联系在一起,逐渐地使学生养成语文思维模式。

4. 小结

语文是一门综合性的学科,包含了人文、地理、社会等很多方面的知识。与其他学科不同的是,语文是我们学习母语的主要途径,而且具有很多情感表达方式,可以表达不同的道德思想和文化常识。初中语文中新增的综合性学习章节,提倡在灵动语文理念下的自主学习。而在整个语文"综合性教学"的过程中,教师是学习的组织者、引导者、合作者,学生是探究、学习的主体。教师的课前准备要十分充分,课堂上要正确引导学生的探究方向,采用不同

的教学方式,充分发挥学生的主体地位。只有这样,才能顺利地开展语文探究活动,充分培养学生的探究能力和学习能力。

参考文献

[1] 王萍.初中语文综合性学习中开展自主学习的思考[J].课外语文,2018(6):88.

[2] 曹朋辉.农村初中语文"综合性学习"教学研究[D].沈阳:沈阳师范大学,2016.

[3] 马海鱼.初中语文综合性学习中开展自主学习的思考[J].读与写(教育教学版),2016,13(1):105.

[4] 殷静茹.初中语文综合性学习中小组合作学习研究[D].西宁:青海师范大学,2015.

[5] 干亦晨.对初中语文教学中开展综合性学习的思考[J].考试周刊,2012(90):27.

情境如月　照览语文山河
——以具体情境为载体的语文课堂实践分析

广州外国语学校　黄世新

摘要：《普通高中语文课程标准（2017年版2020年修订）》之中"评价建议"的第四点要求选用恰当的评价方式："语文学科素养需要在真实的语文学习任务情境中综合考查。语文教师应当根据实际的需要，整合诊断性评价、形成性评价、终结性评价等多种评价方式，考查学生核心素养的发展情况。"本文通过对教学实践中所综合运用的具体语文情境的有效性的分析，来阐述对高中语文教学中情境的创设及其作用的理解。

关键词：情境创设；整合阅读；课堂实践；有效性

《普通高中语文课程标准（2017年版2020年修订）》之中，教学建议第三条要求：创设综合性学习情境，开展自主合作探究式的学习。教师应当关注学生学习方式的转变，做好学生语文学习活动的设计、引导和组织，注重学习的效果。同时，《普通高中语文课程标准》之中，高考命题的思路和框架当中也明确了，考试的题目应当以具体的情境为载体。真实、富有意义的语文实践活动情境，是学生学习语文学科核心素养，形成发展和表现的载体。语文实践活动情境主要包括个人体验情境、社会生活情境和学科认知情境。可见，无论是教学的需要还是命题导向的启示，我们一线的老师在课堂情境的设置和研究上是必须狠下功夫的。

一、联系文本思想，引出情境讨论

部编版《高中语文必修上册》的现代诗歌单元当中，有闻一多先生的《红烛》以及昌耀先生的《峨日朵雪峰之侧》。在对这两个独立文本进行群文整合教学的时候，我曾经设计了这样一个情境问题。

在不同的文章当中，会有一个不同的抒情主人公的形象。闻一多先生的《红烛》当中所塑造的主人公形象是一个"奉献者"的形象；昌耀先生的《峨日朵雪峰之侧》当中所塑造的主人公是一个"探索者""攀登者"的形象。你认为在现代社会当中,这样的人物存在吗?能不能举出实例?而在现实社会当中,你愿意做哪一类的人呢?请说明你的原因。

学生的回答分享非常精彩。他们说,在新冠肺炎疫情中涌现出了这两种人物形象,比如,"奉献者"的形象——以"80后""90后"为主体的护士请战者以及武警、解放军战士;"探索者"的形象——对未知的新冠病毒不断地进行科学研究的陈薇少将;等等。还有同学辩证分析说,情境里所问的两者并不矛盾,现实生活中有很多人都是集两者于一身的。又有同学拓宽了思考范围,在不同的领域发现了诸多的"奉献者""探索者"。这个情境问题从文本当中总结概括而来,仅仅是为学生提供一个支点,学生便可以结合现实谈出深度和广度并对自己的选择有所思考,这在一定的程度上促进了学生思维的发展提升。

二、依据文本特征,提炼创设情境

部编版《高中语文必修下册》的小说单元中有两篇和"变形"有关的文本,一篇是清代蒲松龄的《促织》,另外一篇是卡夫卡的《变形记》,前者属于中国古典文言小说,后者是一篇外国小说,那么我们关注到这两篇小说共同的一个现象——人化而为虫。因此我们确定了整合的主题——"异化"。围绕这样一个主题,我设置了这样的任务情境。

《促织》情节曲折复杂,但对人物的心理描写相对匮乏;《变形记》中格里高尔虽然还保留着人的心,但是由于语言的障碍,无法向家人表白内心。请同学们自由选择使用格里高尔的身份,或者使用成名儿子的身份,给自己的父母写一封信,来表达自己从人变成虫之后的心迹。要求使用第一人称,结合文本内容,揣摩人物哀苦心理,化身为人物说话。300字左右。

学生写作示例:
亲爱的妹妹,你好!

或许你收到这封信时会感到惊讶,但此时我已经不在这人世了。我其实一直都没有语言障碍,我听得懂你们说什么,只是我无法阐述自己的内心。当我变成一只大甲虫,发现自己有厚厚的壳,一动都不能动弹时,我感到绝望又痛苦。我想我变成这副样子,不仅帮不到你们,反而会成为家庭的累赘。但是我没有办法呀,我眼睁睁地看着父亲穿上制服,母亲为陌生人缝制内衣。

而你不停地跑腿,为着一家人的生计。我真的很感激一开始你为我做的一切,为我打扫房间,悄悄给我送饭。我想没有人可以一直忍受给一只一直流着黏液的大甲虫服侍,所以其实你后来没再来为我清理过房间也没有关系。我想,纵使身上蒙满灰尘,背部和两侧的小腿沾满了绒毛、发丝与食物的残渣,也没有关系。那天晚上,哦,你拉小提琴的那天晚上,我一定是着了迷,我实在是无法忍受房间当中无边的孤寂与黑暗了。我尽其所能地向着音乐的方向爬,我想大声喊,我早已下定决心,一定要将你送进音乐学院。可我的样子却吓到了房客,这导致了一家人的损失。我从来没有见过那样的你,那样无助的你,你哭着让我离开。还将母亲挡在身前,可悲的是,我还未进入门中,就被一股力推进了黑暗。你将我的希望拒之门外,哦,妹妹,我不怪你,我恨我自己,我消灭自己的决心比任何人都要强烈呢,只要这事能办到,我即使死于清晨的第一道光,也无怨无悔了。你现在好吗?是否已经成为一名优秀的音乐家?爸爸妈妈怎么样呢,身体好吗?我在天堂送上最美好的祝福。

你的甲壳虫哥哥　格里高尔

这个情景依据文本自身的特点而设置,这种设置让学生化身为文本当中的人物,比较方便代入,阅读和感受人物内心世界。写的内容也不仅仅限制于心理描写,同样学生会批判他们所生活的不合理的社会背景,从而唤起学生内心对于人物的悲悯与同情。这样使用第一人称,写完了自己"化虫"的悲惨遭遇,那么就为后续再去探讨"现代社会当中是否存在着异化现象",思索"你觉得你和你周围的人变形了吗",讨论"在现实的生活当中,我们应当如何解决和面对这种变形"打下了非常稳固的基础,并且后来同学们开始思索现实当中自我个体存在的意义以及自我和现实环境的冲突问题,仿照卡夫卡的写法,又完成了自己的小小说,来抒发内心感怀。

三、观照生活情境,借鉴文本表达

部编版《高中语文必修上册》的议论文单元中,为了更好地利用文本完成学习任务群6——"思辨性阅读与表达",我在整合阅读《读书:目的和前提》和《上图书馆》两篇文章时,依据社会生活情境与文本内容,设置了这样的情境问题。

杨某某出生于一个普通家庭,2016年偶然被某文化公司选中,成为旗下练习生。2018年参加某综艺节目时,她自曝参加节目的初衷是为了得到几千块钱,并且还可以包吃包住。她自从参加节目以来,热度持续增长,被网友称为"锦鲤"。随着网络时代的发展,大量"网红"涌现。

中学生小雨深受影响,萌生想做"锦鲤"和"网红"的想法,厌倦读书,经常为此与父母吵闹。

作为一个同龄人,请你结合《读书:目的和前提》和《上图书馆》,借鉴文中的观点劝说该同学迷途知返。

在具体实践操作的过程中,我使用三个课时。第一课时:按照情景任务,阅读文本并从文本当中找到相应的观点,用来反驳情境材料中的同学。第二课时:学习使用驳论,回顾和参照先前所学鲁迅先生的《拿来主义》的论证方式,学习"先破后立"的作文格式,学习使用比喻论证、群喻论证。第三课时:结合以上两课所讨论的内容来完成当堂作文练习。作文材料同上,情境任务如下。

作为一个同龄人,请你借鉴《读书:目的和前提》和《上图书馆》中的观点以及课堂讨论的观点和内容,给小雨写一封信劝说她迷途知返。

要求:观点鲜明、论述清晰,可以适量使用比喻或群喻。统一用小花/小明署名。

这三个课时环环相扣,情境统一,注重了教学的逻辑性和连续性,课堂上重在学生的阅读理解、分析表达,材料分析引入了社会生活情境,作文任务有效扩充了学生的个人体验情境。在第二课时,学生在群喻论证练习中也写出了很好的句子。比如:"当你用跳跃的手指翻开书页,就好像一只蝴蝶在翻阅花朵,一只蜜蜂在阅读春天,一只萤火虫在文字的小路上徜徉,散发着微绿的荧光;而当你离开了书本,年轻的生命就像一面光亮的镜子,生了锈,一朵美丽的鲜花,蛀了虫,就像一件挂在房间角落里的华美的锦袍,尽管外表看上去极为光鲜,但殊不知内里的丝絮已经霉烂不堪。"在第三课时中,学生领悟了前两节课老师反复铺垫的意图,也能够奋力回忆课堂内容,既考验了耐性,也考验了听课效果,更避免了学生见了作文题目无从下笔的尴尬。

情境如月,照览语文山河。情境清晰,则语文之高山沟壑愈加明朗清澈。以上是我在实践中依据教材内容和学习任务要求,尝试设置的几类具体情境并相对有效地推进了课堂的生成。当然在实际设置和运用的过程中,我们也走了很多弯路,有的时候我们设置的情境虽然提升了趣味性,但是与教学目标和实际却离得远了。这样的失败经历告诉我们,在情境的设置上更应当慎重考虑。情境是文本内容的载体,不能"为情境而情境",毕竟我们是要以教材文本为典范,"为情境而情境",便不是灵动,而是妄动。在具体而有意义的情境中引导和启发学生学习语文知识,循序渐进地提升学生的语文核心素养才是我们恒久的努力方向。

探寻灵动课堂模式　培育语文学科素养

广州外国语学校　彭红波

语文是有关素养的学科,用高中三年的时间,坚持探寻灵动语文课堂教学模式,打造语文学科核心素养的"桃花源",意义重大,近者挑战高考,中者培育素养,远者滋润生命。

教育的意义在于唤醒生命,点化人生,而生命是灵动的,故教育也一定是灵动的,灵性的课堂是用生命激扬生命,用心灵激发心灵的课堂。学生在课堂上能彰显生命的律动、情感的触动,能让生命得到滋养,蕴蓄纯正的思想和高雅的审美情趣。怎样构建灵动教学模式,培育语文学科素养呢?

一、察人心,近人情,滋养生命、传承文化是课堂灵动之源

人情即人心,懂人情,即知人心。善解人情,就是善察人心,善于换位思考,善于体察并满足他人需要。教师如能结合文本提出一些问题激发学生思考人生,思考生命,打造达于人情的课堂,不仅可以让学生享受到被人尊重的自信,更能化被动为主动、化消极为积极、化冷峻为温和,从而达到滋养个体生命之神奇功效。

如:教学《陈情表》时,为了让学生认识理解和传承传统文化——孝和忠,我在课堂上让同学们结合自己的经历谈谈对"孝"的理解。很多孩子一开始谈得较为肤浅,诸如节假日送父母祝福,自制小礼物送长辈,大人生病时会照顾他们,也会听听大人们合适的建议等。我进一步引导:

"许慎说:'孝,善事父母者。从老、从子、子承老也',造字法是有深意的,你们能从中体悟到什么吗?"

"老",代表着年老的双亲;"子",代表子女;"老"在上,"子"在下,会合其字即意味着:"做子女的,顺承父母,那就是孝"。

"子"背着"老",意思是说父母年老体衰、行动不便,须子女背着代步,其中充满着感恩、报恩之意。"老吾老,以及人之老",若做不到孝顺父母就无法谈爱心、责任和担当,孝是一切人际交往和社会生活的基础。

这时我进一步结合时事新闻引导提问：

在2020年6月28日的凌晨，有一家境贫寒、在爱心人士资助下完成大学学业的研究生陈某某因为爱情的失意投水自杀。陈某某永远停在了29岁的年纪，还没有来得及去欣赏这个美好世界，就这样遗憾地走了！

以上新闻引发你对生命意义怎样的思考？请谈谈你的看法。

"一石激起千层浪"，学生在交流讨论和发言过程中充分思考生命的意义，其中一个学生的回答精彩且精练，无论是在认识的深度，还是在表达的精度上，都胜过先前许多。"身体发肤受之父母"，爱惜身体，好好活着，不让父母担心是对父母几十年养育之恩最大的孝；"滴水之恩，当涌泉相报"，接过爱心传递棒，致力公益，传承爱的能量，是对无私资助他学业的爱心人士的最好回应；积极上进，为中华民族伟大复兴奉献光和热，这是对社会须尽之责任和义务。这都是他要好好活着的理由，爱情的失意比之又是多么渺小的事啊！

二、扣文本，悟生命，提升思维、培养审美是课堂灵动之泉

著名特级教师于漪曾说过，解读文本应该"扣住文本、品味语言、体悟思想内容和情感"。语文教学无论向哪个方向伸展，我们都应该把握住这一点。

如归有光的《项脊轩志》是一篇善于从日常生活的琐事中选取题材，用朴实淡雅的笔触书写自己寄托于这些人物之上的真挚感情的散文，粗略看来似乎是漫无章法的随笔，但细细品来却又有深挚的亲情之思。"借一阁以记三代之遗迹"，文中追念了祖母、母亲和妻子三代人，却没有一点琐碎之感，情感表达反而非常精练和集中。全文看似没有任何情感的直接表达，但恰恰是这种溢于文外的至情言语，成就了其在无声中感染人的独特魅力。怎样引导孩子们去体悟这种情感和写法？我把教学目标定为"扣文本，悟生命，提升思维、培养审美能力"。为达成这一目标，我设计了以下合作探究的问题：

请同学们依据以下提示谈谈自己的鉴赏理解并流畅有序地表达出来。个人独立思考，小组交流整合，代表汇总表达。

1. 结构"关"情；2. 细节"抒"情；3. 质朴"增"情；4. 叠词"助"情。

要求：自选角度，回归文本，结合对生活和生命的理解小组合作整合，再派代表发言，发言时要注意讲什么、怎么讲，要体现概括性思维，结构上要求总分表述。

上述第一个角度实质上是考查学生对行文思路的把握，孩子们在表达中

有文本回归的反馈——对段落内容的概括,有对文本的审美赏析——情感的分析,但在怎样表述、怎样组织语言上存在问题——构建语言和规范表达上的缺陷。于是我就请小组同学互相提出修改意见,形成比较规范的表达框架,进一步强化训练孩子们建构语言和规范表达的意识。然后再请其他选这个角度的组员补充。最后我进行完善归纳:"纵观全文,作者用项脊轩作为线索,将写物、记事、抒情融合在一起,用平淡质朴的文字,唱出了深沉的人生哀歌。"

文章开篇先写项脊轩的阴暗狭小,与后文经过修整之后的优美宁静形成对比,突出宁静淡雅的氛围,轩内轩外皆是一方和谐清雅的净土,而居于这种天地中心的,正是作者自己。虽然作者生活清贫凄惨,但是却拥有高洁的志趣和脱俗的境界。而后笔锋一转,用"多可喜,亦多可悲"一句承上启下,"喜"字承接上文经过修整之后项脊轩带给自己的内心之喜;"悲"字开启了下文对大家庭分崩离析后的哀痛之感,以及对祖母、母亲的追思并委婉含蓄地表达自己怀才不遇、辜负亲人寄托的沉痛之感。最后补记作者和妻子在南阁子(项脊轩)中的读书生活,作者用平淡质朴的文字,写出了对亡妻深沉的追思。

课后我主动对学生听课效果进行了评价,结果反馈,95%的孩子认为很有收获,表示此节课最成功的是师生在解读文本过程中,不仅有更深层次的内容感悟、情感体会,还能获得、积累一些表达上的知识、技巧,为习作提供储备。

特级教师王崧舟曾说,用生命去挖掘、敲打文本中的一个词、一个句子、一个片段,开掘言语的多层内涵,并将自己的感悟与他人的观点融会贯通,然后走向课堂,课堂就会精彩不断。

三、拓广度,掘深度,构建语言、点拨表达是课堂灵动之力

语文课堂适当放手,教师主导以问题启思,在广度和深度上引导学生阅读和分享。学生主体依据教师引导合作探究,分享创作,不但可以让学生的思想变得深刻,更利于学生语文学科素养的提升。我认为这样的语文课堂是灵动启思之课堂,亦是践行"两主一效"(以教师为主导,以学生为主体,开展高效课堂)之课堂。

在人教版《高中语文必修五》第一单元小说教学中可以尝试构建这样的课堂。小说是人生的"百科全书",我们可以通过引导学生掌握阅读鉴赏小说

的一些方法,从而让学生开阔视野,陶冶情操,提升学生的文化素养及审美能力。

鉴赏小说的重要能力点之一就是把握人物形象。教学时教师抛出问题,确定任务:对三篇小说主人公林冲、别里科夫、翠翠三个人物进行赏析。学生可以去图书馆翻阅相关资料,小组成员可以合作讨论探究,形成发言稿,并在课堂上分享。

在跟踪学生学习过程中发现,有些学习小组的探究毫无头绪,学生三言两语地讨论、做笔记,没有方法,散乱无序。有些孩子依据之前老师应试备考的答题技巧在讨论,语言表达生硬,没深度,更谈不上审美和思维的提升了。

针对这种情况教师可以引导学生进行自主研究,比如就扩大阅读面、拓展阅读深度、有序的阅读鉴赏进行一定引导等。

以《林教头风雪山神庙》为例,诠释引导思路如下。

第一,文本内容是分析人物形象的根本。

布置学生需要完成的阅读任务,即《水浒传》中与林冲相关的章节(具体如下);了解作者和时代背景。

第七回　花和尚倒拔垂杨柳,豹子头误入白虎堂;

第八回　林教头刺配沧州道,鲁智深大闹野猪林;

第九回　柴进门招天下客,林冲棒打洪教头;

第十回　林教头风雪山神庙,陆虞候火烧草料场;

第十一回　朱贵水亭施号箭,林冲雪夜上梁山;

第十二回　梁山泊林冲落草,汴京城杨志卖刀。

第二,鉴赏技巧是分析人物的思路和方向,建议学生从以下方面入手。

(1)林冲生活的时代特点、个人职业、社会地位、家庭生活,分析人物性格形成的内在原因。

(2)找出小说中作者对林冲的正面描写的相关内容(包括动作、语言、心理等)。

(3)找出与林冲相关联的人物,分析作者塑造林冲的作用。

(4)探究作者塑造林冲这一人物的意图是什么,从而分析人物形象的审美意义和价值。

第三,各抒己见、集思广益是使思想深刻、完善表达的方法。

学生先各自完成任务,形成自己的见解。再进行小组交流,组长汇集意见,形成文字。然后进行班级汇报分享,相互点评,再次进行思想火花的碰撞,提升认识。最后,学习委员和课代表总结形成学习研究小论文。

构建灵动课堂模式,要践行"两主一效"的理念,留出更多时间给学生合作、交流、分享,这样学生学习主动性能得到充分体现,回答问题的学生在老师和同学的赏识中获得成就感,增强了自信。我相信经过长期的课堂训练,学生对阅读文学作品的兴趣更浓,效率更高,收获更大,审美体验和生命感悟更丰富。这样能进一步激发学生的阅读兴趣与动力,促成学生阅读的良性循环,语文学科素养在高中三年的学习中会得到有效提升。这样我们的教育主体——学生会越来越灵动,我们的课堂也会越来越灵动。

二

灵动语文之行

　　灵动来源于行动,最终回归到行动,指导我们的课堂实践,提升课堂的灵动品性。灵动不是一种途径,而是一种特征,这种特征符合学生的身心发展规律,符合教育教学的规律。或者是课堂实录,或者是课程设计,或者是项目学习等,希望这些实践对大家有一定的借鉴作用。

《灵动语文课堂评价标准(试行)》

一、基本要求(20分)

1. 教学目标设置合理,重难点突出,难点突破合理。(10分)

2. 教学设计符合学生的实际情况,具有科学性和可操作性。(10分)

二、学科素养(20分)

3. 重视语文学科素养的培养,尤其重视语言建构能力的培养。(10分)

4. 设置切合学生实际的有利于语文学习的生活化情境。(10分)

三、灵手主动(20分)

5. 学生积极主动参加教育教学活动,学生参与度高,课堂气氛活跃。(10分)

6. 学生能动手、动口、动脑,听说读写能力得到全面训练。(10分)

四、灵思互动(20分)

7. 学生思维得以激发,学生积极主动参加课堂活动和问题探讨。(10分)

8. 课堂生成内容丰富,学生有创见或创新出现。(10分)

五、灵魂触动(20分)

9. 学生情感受到触动,内心健康、向上的感情得以生发。(10分)

10. 学生思想观念受到影响,矫正了错误观念,促进学生正确价值观的形成。(10分)

2022年3月5日

普通人的生命精彩和人生境界

——部编版《语文七年级下册》第三单元教学设计

郭坤峰、付潇莹、陈雪儿、蔡宏楷、石博

部编版《语文七年级下册》第三单元教学设计,拟采用群文阅读模式,本文是初步的设计思路,抛砖引玉,求教于大方之家。

假如你是一位社会学家,你最近研究的兴趣是普通人这个社会群体,你研究的主题是"普通人的生命精彩和人生境界",下面是你研究的小课题,请你阅读《阿长与〈山海经〉》《老王》《台阶》三篇文章,做深度学习研究。

一、没有神的光环,你我生而平凡

问题:我选择的研究对象是普通人,他们生而平凡,这里有阿长、老王和父亲,那么我选择的这三个人物符合主题里面普通人的要求吗?请进行探究。

发言的形式:假如我是一名社会学家,我的名字叫费孝通(梁漱溟、马寅初等),我认为我选择的研究对象符合普通人这个标准,我分别从姓名、身份、地位、事迹四个方面来进行阐述。

二、没有神的光环,依然有高光闪现

问题:我研究的对象是普通人,他们虽然没有神的光环,但是在他们的生命中也有高光时刻的闪现,你认为这三个人物的高光时刻是什么呢?说明理由。

发言的形式:假如我是一名社会学家,我的名字叫费孝通(梁漱溟、马寅初等),我认为三个人物的高光时刻分别是……他们的高光时刻(这里指生命中的精彩瞬间或巅峰瞬间)我分别从以下几个方面分析:事业的高光、精神的高光、生命的高光……

三、没有神的光环,再现真实的平凡

问题:我选择的研究对象是三个非常典型的普通人,呈现这三个普通人

事迹的文字再现了他们真实的平凡,那么作者是采用了什么样的写法呢?我们一起探究。

发言的形式:假如我是一名社会学家,我的名字叫费孝通(梁漱溟、马寅初等),我认为在呈现他们事迹的时候,文章使用了以下的写作手法(欲扬先抑、细节描写)……

四、没有神的光环,寻找现实中的平凡

问题:我的研究对象是普通人,像这样三个普通人在现实生活中有很多,让我们一起来寻找,找到之后请写一段文字(100字左右,使用欲扬先抑或者细节描写的手法)对他进行描述,突出他平凡的特点,并且拍一张他的照片或者画他的一幅肖像,然后在班里分享。

发言的形式:假如我是一名社会学家,我的名字叫费孝通(梁漱溟、马寅初等),我找到了阿长的同类人,这里有我拍的照片以及对她的描写……

我找到了老王的同类人,这里有我拍的照片以及对她的描写……

我找到了父亲的同类人,这里有我拍的照片以及对她的描写……

五、不要神的光环,探究平凡生命的境界

问题:1. 现代社会中有很多普通人,古代社会也有普通人,今天我们一起研究文章《卖油翁》,看看他的高光时刻和生命境界是怎样的。

2. 中国著名哲学家冯友兰先生将生命分成四个境界:自然境界(顺着本能或风俗)、功利境界(为他人做事,目的是利己)、道德境界(为社会做事)、天地境界(为宇宙、天地做事)。根据这个标准,卖油翁的生命境界应该是"功利境界",但是他能够专注地做事,生命专注于当下,这值得肯定。

卖油翁说:"我亦无他,惟手熟尔。"请你用这种形式概括阿长、老王和父亲的生命境界并结合冯友兰先生的"生命四境界说"进行分析。

发言的形式:我是社会学家_____,我认为_____达到了_____境界,理由如下:_____。

六、探究平凡生命,写出研究文章

任务:写出研究论文,主题为"普通人的生命精彩和人生境界",从社会学的角度谈谈普通人的高光时刻和生命境界对于人类进步的意义。写一篇不

少于500字的文章。

七、此生此世无憾,生命烈火已点燃

问题:我们已经深入研究了普通人的生命精彩和人生境界,了解了普通人对于人类进步和历史发展的重大意义,那么我们怎样在平凡的生命当中创造自己的高光时刻,提升自己的生命境界呢?

发言的形式:尊敬的教授,您好!通过和您一起研究这个主题,我认为应该这样创造自己的高光时刻,提升自己的生命境界……

此生此世无憾,生命烈火已燃

广州外国语学校　付潇莹

部编版《语文七年级下册》第三单元　灵动教学设计 第九课时 此生此世无憾,生命烈火已燃		
学习目标	1. 通过对歌词《只要平凡》中三重生命境界的解读,审视自己的生命境界。 2. 通过对比阅读、思辨探究,辩证地看待文学作品中的生命境界。 3. 通过片段写作,引导学生树立正确的生命观、价值观。	
教学环节	学习活动	评价要点
环节1	一、审视自我生命境界 1. 课前播放暖场音乐——《只要平凡》。 2. 出示本节课核心问题:我们已经深入研究了普通人的高光时刻和生命境界,了解了普通人对于人类进步和历史发展的重大意义,那么我们怎样在平凡的生命当中创造自己的高光时刻,提升自己的生命境界呢? 3. 朗读材料一,说说材料中对待平凡的态度有几重境界,你现在处于哪一重?	语言层面: 语言流畅清晰。
环节2	二、辩证地看待生命境界 　　阅读材料二中的三首诗,任选一个问题进行小组合作探究: 1. 这三首诗因其饱含的人生哲理给了无数人困顿时的人生慰藉,你认为喜欢这些诗的人,可能正处在怎样的境遇中? 2. 任选一首诗,对应问题开展小组讨论:当我们身处诗中境遇时,到底应该以怎样的态度来面对这个世界? • 全力坚持还是适时放弃? • 无私奉献还是自求安稳? • 乐观坚定还是认清事实? 　　小结:只要生而平凡,就会面对世间种种困顿、苦难,古今中外的文人在遇到种种不同境遇时写出了不同的经典作品,点燃了无数普通人的生命火焰。那么我们如何点燃自我的生命之火呢?	思维层面: 能结合自身实际,思想深刻,有独到的见解。

（续表）

教学环节	学习活动	评价要点
环节3	三、点燃自我生命之火 　　材料三是你的研究同伴在采访普通人时积累的他们的自我格言，结合你的自身经历，说说你最喜欢哪一句。 　　请引用这一句话，写成一段激励自己的话。 示例： 　　作为一个普通人，我认为应该这样在平凡的人生中创造高光时刻。海明威说："这个世界如此美好，值得人们为它奋斗。我只同意后半句。"这个世界可能并不全然是美好，我们所遇到的不可能全然是顺境，但是依然值得我为之而奋斗，我可以…… 作业设计：根据本堂课所学所思，写成短文《点燃自我生命之火》。	写作层面： 引用恰当，对所引用的句子有独到的理解。 文从字顺。 有激励作用。

"灵动"语文课教学问题与环节的设计

广州外国语学校　郭坤峰

一、《老山界》情境问题设计

如果我班是红军长征部队中的一个班,大家都是红军战士,请结合课文思考并回答以下问题:

1. 翻越老山界的过程中我们遇到了哪些困难?
2. 面对这些困难我们(红军)表现出怎样的态度,体现了怎样的精神?
3. 作为翻越老山界的亲历者,你觉得陆定一的文章能否真实再现当时的真实场景呢?为什么?

反思:在实际的操作过程中,学生的参与度没有达到理想的状态,这是因为学生们的生活和课文内容距离很远,他们很难想象红军所遇到的困难,不容易体验红军半夜醒来欣赏山中景色的心情。

二、《谁是最可爱的人》情境问题设计

如果你是著名战地记者魏巍,你来到抗美援朝的战场,分别采访了三位志愿军战士(松骨峰战役参战志愿军部队的营长、在烈火中救朝鲜孩子的战士马玉祥、在防空洞里坚守的战士)。请你结合课文拟出采访的问题,并从本组内选择一位同学扮演采访的对象,为大家重现魏巍采访志愿军战士的情形。

反思:这个问题能够激发学生参与的热情,但是在表演的过程中,发现学生不善于根据课文提出问题。即使采访在防空洞里坚守的战士,三问三答,问题已经包含在课文之中,他们也提得不好,所以要培养学生发现问题的能力。

三、课前"飞花令"活动设计

我们班张智皓同学、朱艺臻同学、刘琪佑同学,诗词积累非常丰富,我们现在进行"飞花令"的PK(挑战)活动,由张智皓、刘琪佑、朱艺臻三位同学挑

战全班同学,关键词由语文老师指定。

反思:这个环节能够激发学生参与的积极性和主动性,能够活跃课堂的气氛。为了增加学生诗词的积淀,可以不定期举行类似的活动。

四、《学习抒情》写作教学设计

《学习抒情》是一篇写作知识短文,这次学习在室外进行,将学生带到校园里欣赏春天美景,然后再进行《学习抒情》的教学。

1. 赏黄花风铃木,辨抒情方式

(1) 赏黄花风铃木。把学生带到盛开的黄花风铃木旁边,先用五分钟让学生欣赏花的盛放和飘零。

(2) "飞花令"的 PK 活动。以"花"为关键词,请两个小组的同学进行"飞花令"的比赛。

(3) 诗文朗诵比赛。让学生齐背学过的写花的古诗文。

(4) 让学生辨析这些诗文当中的抒情方式。

(5) 一起学习课文中的抒情知识。

2. 赏鱼池美景,练抒情方式

(1) 给学生五分钟欣赏学校的鱼池美景。

(2) 由学生谈欣赏鱼池美景的感受并抒发对鱼池美景的真实感情。

(3) 学生从抒情的角度辨析并评价同学表达。

(4) 回到教室,以"校园春景"为题写一篇 200 字左右的文章。

反思:校园就是课堂,春天就是课堂,在春天的校园里学习抒情,课堂非常灵动,所以灵动之源在生活。

《小石潭记》"灵动语文"教学设计

广州外国语学校　刘丹丹

年级	初二	班级	4班	时间	2022年3月18日
课题	\multicolumn{3}{c}{小石潭记}	课型	新授课——第二课时
教材分析	\multicolumn{5}{l}{　　本课选自《柳河东集》，作者柳宗元为唐宋八大家之一。这篇文章是他被贬至永州后，流连于自然胜境，以排解心中郁积的苦闷所写的"永州八记"之一。 　　本单元的古诗文主要培养学生以下几个方面的能力：1. 通过反复诵读，领会诗文的丰富内涵；2. 品味精美语言，理解文章的写作手法；3. 情感态度方面，要求我们了解古人的思想、情趣，感受他们的智慧，受到美的熏陶和感染。}
学情分析	\multicolumn{5}{l}{　　通过第一课时的学习，学生已经掌握了《小石潭记》的基本字词，对文章也有一个大体的了解，大部分同学已经可以熟练背诵课文，这就为深入理解课文奠定了一个很好的基础。}
教学目标	\multicolumn{5}{l}{1. 品味精美语言，理解文章的写作手法。 2. 把握作品的思想内涵；品味由景入情、情景交融的写作方法。（难点） 3. 激发学生热爱自然、赞美自然的思想感情，陶冶自身情操，培养健康的审美情趣。（重点）}
教学重点	\multicolumn{5}{l}{1. 了解作者及本文的写作背景，领会作者的情感。 2. 品味精美的语言，理解文章的写作手法。}
教学难点	\multicolumn{5}{l}{1. 把握作品的思想内涵；品味由景入情、情景交融的写作方法。 2. 激发学生热爱自然、赞美自然的思想感情，陶冶自身情操，培养健康的审美情趣。}
教学策略	\multicolumn{5}{l}{诵读法、文本细读法、交流探究法、比较阅读法}

(续表)

教学环节	师生活动	设计目的	时间
一、导入新课 　　冰心说过,古今中外任何写景状物的散文都是作者以自己主观眼光和心情来赋予景物特殊的性格和生命。意思是说,作者的心情很好的时候,这个景物是非常好看的;心情不好的话,这个景物会受心情的影响。这节课我们一起再读《小石潭记》,感受小石潭的美景,体会作者的心情。	教师导入,引发学生思考,迅速进入课堂	借冰心的话,让学生体会所描绘的景物的美好程度往往取决于作者的心情。	2分钟
二、思考探究1 　　柳宗元被贬至永州任司马期间,游历中他发现了永州奇特的风景,你认为作者写了小石潭的哪些风景?流利而有感情地背诵《小石潭记》,并思考这些风景奇特在什么地方。 　①潭石:异石纷呈——奇 　"全石以为底""卷石底以出,为坻,为屿,为嵁,为岩" 　②潭水:声悦水澈——清 　"如鸣珮环""水尤清冽""潭中鱼可百许头""似与游者相乐" 　③潭源:曲折、多姿、神秘——曲 　"斗折蛇行,明灭可见""其岸势犬牙差互""不可知其源" 　④潭境:清幽凄凉——幽 　"四面竹树环合,寂寥无人""凄神寒骨,悄怆幽邃"	抛出问题,请学生思考和总结小石潭的特点	让学生自主思考,并通过讨论,理清文意。	10分钟
三、思考探究2 　　历史上真实的小石潭可能像图片展示的这样,并不是很美,但是作者笔下的小石潭生动细致,精美异常。课文写水、写木、写石、写鱼……细腻生动,这得益于作者多角度的描绘。作者采用了哪些艺术手法或者写作手法来表现景物的美呢? 　①多感官的描绘 　声觉:"闻水声,如鸣珮环"→写出流水清脆悦耳 　视觉:"青树翠蔓"→写出了树木的青翠葱郁 　"全石以为底……为岩"→写出石形的多姿多态	抛出问题,请学生合作探讨,思考总结本文的写作手法或者艺术手法	引导学生自主探究,探索《小石潭记》的写作手法:①多感官的描绘;②点面结合(如写石);③远近交错(如写潭);④动静互衬(如写鱼);⑤正侧结合(如写水);⑥移步换景;⑦定点观察。	15分钟

64

(续表)

教学环节	师生活动	设计目的	时间
"蒙络摇缀,参差披拂"→写出树形变化万千 "斗折蛇行,明灭可见"→写出水形曲曲折折 "犬牙差互"→写出岸形交互错杂 "日光下澈,影布石上"→写出鱼影鲜灵滋润 触觉:"凄神寒骨,悄怆幽邃"→写出环境的凄凉 ②点面结合(如写石) "全石以为底"→是面 "为坻,为屿,为嵁,为岩"→是点 由面到点,有序体现作者的感知 ③远近交错(如写潭) "闻水声""潭西南而望"→是远 "下见小潭""坐潭上"→是近 由远到近,多层次展示小潭的景致 ④动静互衬(如写鱼) "影布石上""怡然不动"→是静 "俶尔远逝,往来翕忽"→是动 静中有动,更显出环境的清幽雅静 ⑤正侧结合(如写水) "水尤清冽"→是正面 "潭中鱼可百许头……似与游者相乐"→是侧面 正面和侧面结合,更显水清。 ⑥移步换景 ⑦定点观察 ……			
四、思考探究3 杜甫在《春望》中写道:"感时花溅泪,恨别鸟惊心"。花开他要落泪,鸟鸣他要心惊,大家说为什么呢?能从句子当中找到答案吗?因为"感时"和"恨别"。是啊,这就是心情对人感官的影响。正所谓"境由心生,情随思变",即使面对美好的景色,人的心情失落,笔下的文字也就凄冷了。《小石潭记》是柳宗元山水游记的代表作之一,从文中我们可以体会到作者什么样的情感?	请学生回忆我们学过的杜甫的《春望》,体会"境由心生,情随思变",然后联系背景,让学生体会情感	品味由景入情、情景交融的写作手法。把握作品的思想内涵,体会作者借景抒发了自己在寂寞处境中凄苦悲凉、愤懑抑郁的情感。	6分钟

(续表)

教学环节	师生活动	设计目的	时间
导入背景,知人论世。 　　永贞革新失败后,柳宗元被贬至永州为司马。政治失意、心情抑郁的他,借游山玩水来排遣愁怀。游历中,他发现了永州奇特的风景,于是记下来,成为文学史上颇有名气的《永州八记》。《小石潭记》是其中的第四篇,原名为《至小丘西小石潭记》,文章以写景见长,写潭、写树、写水、写鱼、写源头、写岸势,都写出了特点,生动细致,精美异常。我们知道有些文人,他可以通过游山玩水,排解心中的不愉快,例如,苏轼的《定风波》写道,"归去,也无风雨也无晴"。我们九年级马上要学习欧阳修的《醉翁亭记》,他即使被贬也能让自己活得逍遥自在。 　　柳宗元本意是借美景来排遣抑郁,小石潭景色虽然优美,却是寂静寥落,寒气透骨,作者难免触景生情,"凄神寒骨,悄怆幽邃"既是作者对环境凄凉的感受,更是政治受挫、遭谪贬后的忧伤心情的流露。除了忧伤,我们还能感受到作者的愤懑之情,作者本有满腔的政治热情及高远的政治抱负,却横遭恶势力的打击,被贬到这景色奇异但不适宜人居住的荒僻之地——永州。"以其境过清,不可久居,乃记之而去"可以理解为作者愤懑心情的抒发。 　　小结: 　　本文从不同角度描绘小石潭的石、水、游鱼、树木,着意渲染它的寂静、凄寒、悄怆幽邃的气氛,作者借景抒发了自己在寂寞处境中凄苦悲凉、愤懑抑郁以及孤凄悲凉的情感。 五、拓展迁移 　　《永州八记》是唐代文学家柳宗元被贬为永州司马时,写的一篇山水游记散文。《钴鉧潭西小丘记》是《永州八记》的第三篇,试与《小石潭记》进行比较,体会柳宗元山水游记的特点。	请学生再读《钴鉧潭西小丘记》,体会柳宗元山水游记的特点。	通过拓展迁移,让学生能够深刻领悟《小石潭记》的写作手法和思想感情。	5分钟

(续表)

教学环节	师生活动	设计目的	时间
六、总结 　　《小石潭记》是一篇优秀的游记散文,全文仅百来字,却能抓住景物特点进行生动、细致的描写,且达到了寓情于景、情景交融的境界,学习中要多体会这篇课文写作上的成功要领。 　　布置作业: 　　我们的校园很美,校园里有很多让我们惊叹的地方,例如,学子湖或不知名的小池塘等,请选取学校的某处景物,仿照《小石潭记》,写一篇游记,可以用白话文写,字数不少于400字,也可以用文言文写,字数减半。期待你们的佳作!			1分钟 1分钟
板书设计	①潭石:异石纷呈——奇 ②潭水:声悦水澈——清 ③潭源:曲折、多姿、神秘——曲 ④潭境:清幽凄凉——幽 ……　　写作特色→①多感官的描绘 ②点面结合 ③远近交错 ④动静互衬 ⑤正侧结合 ⑥移步换景 ⑦定点观察……　　境由心生,情随思变　情感→凄苦悲凉、愤懑抑郁		
教学反思	运用多种形式,推进灵动课堂的建构。		

《半张纸》"灵动语文"教学设计

广州外国语学校　彭红波

年级	高二	班级	3班	时间	周三第3、5节课
课题	半张纸			课型	新授课
教材分析	《半张纸》是《外国小说欣赏》第六单元"结构"话题的一篇课文,其结构具有鲜明的特色。作者斯特林堡将"半张纸"作为"容器",在短短两分钟内让我们领略了主人公生命中极为重要的两年经历,取得了以小见大、震撼人心的艺术魅力。同时,本文的精神内涵亦能给人深刻的启示,让我们更加珍爱生命,热爱生活。				
学情分析	学生阅读小说时对情节最感兴趣。本文情节有大量留白,学生可以充分发挥想象力,来推测主人公的人生经历并感受其心理变化过程。对于本文结构的特色和作用,学生理解可能不充分,适当补充介绍教材上其他作品的结构特点有助于加深学生对小说结构的理解。此外,本文有着深刻的思想内涵,是对学生进行生命教育的良好契机。				
教学目标	1. 了解作者的相关知识。 2. 探究小说结构特点及其对表达主题的作用。 3. 拓展鉴赏,培养举一反三的能力。				
教学重点	对小说结构的把握及拓展分析。				
教学难点	让学生感悟小说通过"半张纸"所传达的主题,获得积极的人生启示。				
教学策略	讲授法、小组讨论法、比较分析法				
教学环节	师生活动			设计目的	时间
导入新课	一、哲理导入,启发思考 　　一颗沙里看出一个世界,一朵花中看出一座天堂。今天我们通过半张小纸片来读懂人生,汲取生活智慧。			导入文本	2分钟
走近作者	二、学生介绍作者成就 　　斯特林堡是瑞典文学史上最杰出的小说家和戏剧家;瑞典第一位具有世界影响的作家;瑞典自然主义文学的奠基人;其作品《朱丽小姐》是欧洲自然主义剧作的典范;后期风格渐趋于象征主义和神秘主义。 　　代表作: 　　戏剧《一出梦的戏剧》《到大马士革去》《鬼魂奏鸣曲》,小说《红房间》等。				8分钟

(续表)

教学环节	师生活动	设计目的	时间
梳理内容	三、自主阅读，走进文本 1. 梳理故事情节 本文主要写了一个怎样的故事？请用简洁的语言（一句话）来概括。 2. 初步感知结构 （1）把事件的结局或某个最重要、最突出的片段提到文章的前边，然后再从事件的开头按事情原来的发展顺序进行叙述的方法，我们称之为倒叙。 倒叙手法可以使情节悬念顿生，引人入胜。 （2）现实—回忆—现实 3. 研读文本 （1）这是一张_____的纸。（用文本内容填空） 要求： 先自己阅读标记内容，在组内讨论，形成结论，然后代表发言。 （2）请你结合"半张纸"，为大家讲一下主人公的人生经历以及心路历程。 要求： 请同学们快速浏览课文，用简洁的语言概括相关内容，同桌之间可以交换意见。 明确： 主人公与艾丽丝相识—相恋—结婚—怀孕—艾丽丝难产而死。其中穿插了主人公短暂失业、朋友远走的事情。 初恋时甜蜜—失业时焦虑—新婚时幸福—将为人父时惊喜不安—丧妻失子时巨大悲痛。	初步感知，整体把握，为探究文本铺垫	8分钟
合作探究	四、探究心理，启迪人生 1. 年轻房客搬离后感受是怎样的？ 2. 年轻房客在回顾了这二年的生活后，他是怎样对待这半张纸的呢？为什么会是这样郑重的态度？你能揣摩出他这样选择生活的心理活动吗？（找出文本读读） 明确： 这也是勾起他伤心往事的半张纸。 这还是证明他曾用心爱过活过的半张纸。 这将是支撑他继续生活下去的半张纸…… 这两分钟内主人公的情绪发生了变化（刻画人物的手法）： 决心要忘却（心里沉重、脆弱） ↓	理解心理转变过程，感悟生命，升华精神	15分钟

(续表)

教学环节	师生活动	设计目的	时间
合作探究	眼前一切都模糊了(打击巨大,悲观绝望) ↓ 吻,放进口袋(重拾温情,得到慰藉) ↓ 高高地抬起了头,像是个骄傲快乐的人 (珍视过去,直面现实,奋然前行) 3. 小说总的感情色彩是"温暖"的还是"悲哀"的?请做阐述。 　　这是一篇具有怀旧气息的小说,基调是"温暖"。两年生活有痛苦,也有许多美好的东西;他得到过,又失去了,但毕竟得到过。主人公将这段爱情认定为人生最大的幸福,回忆时充满了深情。结尾表明,他并不沮丧,将鼓起勇气走向新的生活。 　　年轻房客是一个怎样的人? 从他身上我们可以得到怎样的启示? 　　人活着必遭蹂躏。天堂和地狱在他看来并不是虚无的存在,而是都会在现实中得到兑现。当我们欢乐的时候,我们就生活在天堂里;当我们痛苦时,我们就在地狱。但谁又能说痛苦不是另一种欢乐呢? 　　　　　　　　　　　　——斯特林堡 　　对于过去一切美好的,我们会珍惜;不幸的,我们任由时光流逝,更重要的是把握现在拥有的,去开拓更美好的人生。世间最珍贵的不是"得不到"和"已失去",而是把握现在的幸福。(彭老师寄语) 　　一粒沙也有梦想,一朵花也要芬芳。世界怎么样,看你怎么想。 　　主题小结: 　　作品表达了对人生无常、幸福易逝的感叹,但同时又积极地表达了幸福对人的意义,肯定了人在命运无常之中对幸福的追求。 五、聚焦结构,突破重点 　　同学们自由谈谈"半张纸"的艺术匠心。 　　明确: 　　结构线索 　　通过"半张纸"引出了主人公的回忆,倒叙手法使得小说情节悬念顿生,引人入胜。(情节上) 　　"半张纸"的内容是主人公内在情绪发生转换的契机,对主题的深化起了重要推动作用。 　　"半张纸"只是一个横截面,只有寥寥几笔。文章中大量的留白,给读者留下了丰富的想象空间。	理解心理转变过程,感悟生命升华精神	15分钟

（续表）

教学环节	师生活动	设计目的	时间
拓展延伸	六、动笔实践，内化能力（任选一题） 1. 截取一个横断面表达"深山藏古寺"的主题。 2. 对下联（限从《外国小说欣赏》所选课文中取材） 上联：忆甜蜜，道辛酸，半张纸见证一世情缘 下联：		
课下作业	七、课外练习，巩固强化 1. 半张小纸，铭记人生旅程。请同学们回顾2020年，用关键词记录一段难忘岁月，创作属于你的"半张纸"。 2. 阅读文本，完成问题。 **丈夫支出账单中的一页** ［美］ 马克·吐温 招聘女打字员的广告费……（支出金额） 提前一星期预付给女打字员的薪水……（支出金额） 购买送给女打字员的花束……（支出金额） 同她共进的一顿晚餐……（支出金额） 给夫人买衣服……（一大笔开支） 给岳母买大衣……（一大笔开支） 招聘中年女打字员的广告费……（支出金额） 问题：从结构上看，这篇小说有哪些特点？ 参考答案： ①故事浓缩，账单一页；②含而不露，空白艺术；③首尾呼应，回环往复；④一点切入，看横断面。 **书法家** 书法比赛会上，人们围住前来观看的高局长，请他留字。 "写什么呢？"高局长笑眯眯地提起笔，歪着头问。 "写什么都行。写局长最得心应手的好字吧。" "那我就献丑了。"高局长沉吟片刻，轻抖手腕下笔去。立刻，两个劲秀的大字从笔端跳到宣纸上："同意。" 人群里发出啧啧的惊叹声。有人大声嚷道："请再写几个！" 高局长循声望去，面露难色地说： "不写了吧——能写好的就数这两个字……" 问题：你从这篇小小说中读出了什么？	深化对文章结构和思想内涵的认知	7分钟

(续表)

教学环节	师生活动	设计目的	时间
课下作业	**德军剩下来的东西** [法]哈巴特·霍利 　　战争结束了。他回到了从德军手里夺回来的故乡。他匆匆忙忙地在路灯昏黄的街上走着。一个女人捉住了他的手,用吃醉了酒似的口气和他讲:"到哪儿去?是不是上我那里?" 　　他笑笑,说:"不。不上你那里——我找我的情妇。"他回看了女人一下。他们两个人走到路灯下。 　　女人突然嚷了起来:"啊!" 　　他也不由抓住了女人的肩头,迎着灯光。他的手指嵌进了女人的肉里。他们的眼睛闪着光,他喊着"约安!"把女人抱起来了。 　　分析:这篇小说的情节结构有什么特点? 　　参考答案: 　　这篇微型小说淡化故事背景,截取生活的横断面来表现丰富的思想内涵。这是战后的恋人相遇的生活场景,我们从中可以感受出轰隆隆的战争已经停止,硝烟已经散去,但战后的残骸还在,废墟依旧。离别、失散、流离失所、屈辱,留下的一切只会让人长久地伤感、痛苦。一篇200多字的小说竟然给人带来无穷的想象之美,并让人深受启发。	拓展阅读,强化所学,提升鉴赏评价能力	
板书设计	这是一张　　　的纸 自己的生活经历——从有到无 工作的变迁——漂泊不定 朋友的经历——盛极而衰　　　生活的横断面 　　人世无常,幸福易逝 　　乐观而坚强的人		
教学反思	1. 多向思考,运用多种形式,推进灵动课堂的建构。 2. 调动学生的直觉形象思维,在巧妙的结构里感受主人公的心路历程。		

灵动语文课堂《半张纸》教学设计

广州外国语学校　郭坤峰

年级	高二	班级	高二(6)班	时间	2021年11月10日
课题	半张纸			课型	新授课
教材分析	本课是选修教材《外国小说欣赏》的第六单元的第二篇小说,这一单元的小说主要突出小说的谋篇布局,即小说的结构。要结合国外两篇小说的阅读,了解小说结构的构成、层层推进、生活的横断面以及意识流小说等小说结构鉴赏的基本方面。				
学情分析	学生已经学习了必修教材和《外国小说欣赏》中的一部分小说,对于小说的文体知识和欣赏有了一定的积淀,但是对小说谋篇布局的认识不够深。学生"沉浸式"阅读比较多,较少能够脱离作品和人物对小说的谋篇布局有所评价,所以了解谋篇布局的基本模式,以及一些典型小说的典型布局,能够让学生学会从第三视角分析和鉴赏小说。				
教学目标	1. 体悟好的小说结构所应具有的特点,了解长篇小说和短篇小说在结构运用上的异同。 2. 了解"层层推进的结构",了解"生活的横断面"是如何作为一种小说结构方式的。 3. 了解现代小说以人物的心灵乃至小说叙述者的心灵作为中心结构的特色。 4. 领会作品的内容与题旨。				
教学重点	1. 把握主人公的情感,挖掘主人公的人生感悟。 2. 掌握作者的"以小见大"手法以及结构安排的巧妙之处:小切口,大容量。				
教学难点	掌握作者的"以小见大"手法以及结构安排的巧妙之处。				
教学策略	独立学习与小组学习策略,情境任务推动。				

(续表)

教学环节	师生活动	设计目的	时间
导入新课	一、外国小说·你我共赏 　　人生就像一张白纸,需要每一个人去书写,书写生命的历程,书写痛苦和幸福,书写软弱和坚强…… 　　而书写了痕迹的半张纸,也是一个密码,可以看出生命的痕迹和精神的状态。 　　今天,我们一起来学习瑞典作家斯特林堡的小说《半张纸》。	激起兴趣,引出主题	5分钟
情境设置	二、情境设置·必备资料 　　阿尔弗雷德·阿德勒,奥地利心理学家,人本主义心理学先驱,个体心理学的创始人。他的主要观点有: 　　1. 人的行为是由社会力量决定的; 　　2. 意识是人格的中心,人是一个有意识的存在物; 　　3. 人类的一切行为都受"向上意志"支配,一个人生来就有一种内驱力。		
小组合作	三、情境设置·共同参与 　　瑞典著名作家、诺贝尔文学奖获得者斯特林堡捡到了写有内容的"半张纸",他把"半张纸"交给了奥地利心理学家阿尔弗雷德·阿德勒,请他对于书写者的心理进行分析。 　　假如你就是阿尔弗雷德·阿德勒,请你结合文本,从书写者的人生经历、心理状态和精神世界三个方面进行分析。 　　格式:各位同学,我就是阿尔弗雷德·阿德勒,书写者的人生经历是…… 　　我认为他的心理状态是……,依据为…… 　　我认为他的精神世界……,因为……	小组合作	15分钟
内容梳理	四、角色转换·人生经历 　　半张纸里面包含的人生经历: 　　与妻子:相恋→新婚→幸福甜蜜→埋葬 　　与自己:银行工作→银行倒闭、穷困→找到新工作、宽裕 　　与朋友:朋友飞黄腾达→远走他乡	梳理内容	
主旨探究	五、深入体验·心灵世界 　　热情初恋　甜蜜无限 　　突然失业　焦虑恐慌 　　美妙蜜月　琴瑟和谐 　　将为人父　惊喜不安 　　丧妻夭子　巨大悲痛 六、理性探究·精神宇宙 　　有脆弱:决心忘却,心情沉重		

(续表)

教学环节	师生活动	设计目的	时间
主旨探究	有绝望：打击巨大，悲观无力 有温暖：重拾温情，得到慰藉 有希望：直面现实，奋然前行 　　斯特林堡：人活着必遭蹂躏。天堂和地狱在他看来并不是虚无的存在，而是都会在现实中得到兑现。当我们欢乐的时候，我们就生活在天堂里；当我们痛苦时，我们就在地狱。但谁又能说痛苦不是另一种欢乐呢？ 七、生命感悟·灵魂生长 　　生命总在逝去 　　心海潮落潮起 　　璀璨露珠且珍惜 　　惨淡阴云任飘去 　　我安住于当下 　　并去采撷未来之美丽 　　全文表达了对人生无常、幸福易逝的感叹，但同时又积极地表达了幸福对人的意义，肯定了人在命运无常之中对幸福的追求。	探究主旨，深化认知	15分钟
结构分析	八、情境设置·共同参与 　　1901年诺贝尔文学奖首次颁发，当时组建了专家评委会。假如雨果、海明威都是评审专家，而斯特林堡成了候选人，请你以"海明威"和"雨果"两位专家的名义，为斯特林堡小说《半张纸》的结构安排分别写一段评语。 九、结构设计·耐人寻味 　　小容器，小切口，短时间 　　大容量，富内涵，长时期 　　设留白，引思考，激想象	明确结构，学会评价	
拓展延伸	十、拓展延伸·强化训练 **丈夫支出账单中的一页** ［美］马克·吐温 招聘女打字员的广告费……（支出金额） 提前一星期预付给女打字员的薪水……（支出金额） 购买送给女打字员的花束……（支出金额） 同她共进的一顿晚餐……（支出金额） 给夫人买衣服……（一大笔开支） 给岳母买大衣……（一大笔开支） 招聘中年女打字员的广告费……（支出金额） 问题：从结构上看，这篇小说有哪些特点？ ① 故事浓缩，账单一页；② 含而不露，空白艺术； ③ 首尾呼应，回环往复；④ 一点切入，看横断面。	拓宽阅读范围，强化课内所学	5分钟

(续表)

教学环节	师生活动	设计目的	时间
板书设计	半张纸 人生无常　　痛入心扉 心路曲折 精神向上　　爱有光芒		
教学反思	设置情境,让学生在情境中学习,推动灵动语文课堂的建构。		

《青玉案·元夕》"灵动语文"教学设计

广州外国语学校教师　郭坤峰

课题	《青玉案·元夕》（辛弃疾）
教学目的	1. 了解本词的含义，理解本词深刻的主旨，把握本词所使用的象征（托物寓意）的艺术手法。 2. 拓展延伸：学习王国维治学的三境界，引导学生由景及理，既提升学生诗词鉴赏的能力，也培养学生对比、抽象的理性思维。
教学重点	《青玉案·元夕》是粤教版高中语文选修教材《唐诗宋词元散曲选读》中的一首词，是辛弃疾词的第一首，主要描写元宵盛况，表现"那人"自甘淡泊、不同流俗的品格，寄托了词人的理想人格——不同流俗，志怀高远，别有所求的志向。教学的重点就在于主旨和象征（托物寓意）手法的把握。
教学难点	1.《青玉案·元夕》的主旨特别深刻，必须知人论世、联系旧知（《蒹葭》《离骚》《雨巷》等）才可以理解。 2. 根据景物特点进一步抽象、提炼出治学的道理，对于高二的学生还是有一定难度的，要给学生搭梯子，才利于抽象思维的培养。
教学（具）准备	多媒体放映设备
课型与教学方法	探究法、小组合作、情景法。
学情分析	这个班是广州大学附中的高二的国防班，学生的知识积淀和思维水平较高，但是师生第一次见面，十分陌生，学生有参与教学活动的障碍，所以要设计贴近学生实际的教学方案，营造贴近学生生活实际的情景，切实有效地引导学生，推动他们积极主动地投入到本词的学习和探讨中。 　　学生已经学完了粤教版高中语文必修教材五册的诗词学习，相关知识的积淀应该比较丰厚，在这个基础上设计"情景教学"和"理性提升"的教学方案，是有一定基础的，要化繁为简，以简驭繁，力争为学生留下思考和活动的空间，营造"主动、互动、灵动"的语文课堂。

(续表)

课题	《青玉案·元夕》（辛弃疾）
教材分析	本课是粤教版高中语文选修教材《唐诗宋词元散曲选读》中辛弃疾三首词的第一首，也是比较难的一首，写了元夕的热闹盛况，寄寓了个人的独特情志，可谓"伤心人别有怀抱"，这个伤心人的"别有怀抱"很难理解。 　　此词大约写于他被迫退休之后。此时靖康之耻已经过去几十年，而划江而治的局面依然如故。敌虏依然隔岸肆虐，虎视眈眈，令仁人志士寝食不安。南宋王朝偏安一隅，不思恢复国土，却粉饰太平。词人空怀壮志，请缨无路，回天乏术。在这种情况下词人写了这首词。

教学过程设计	设计目的
一、诗咏佳节·你猜我猜 　　各位朋友，大家好！传统佳节，中国甚多，诗词歌咏，至今流传。下面的诗句，描写了某个节日，我们一起来猜一猜？ 　　1. 月色灯山满帝都，香车宝盖隘通衢。（李商隐） 　　2. 火树银花合，星桥铁锁开。（苏味道） 　　3. 袨（xuàn）服华妆着处逢，六街灯火闹儿童。（元好问） 　　4. 去年元夜时，花市灯如昼。月上柳梢头，人约黄昏后。（欧阳修） 　　广州的元宵节，也分外热闹，我们一起看两张照片，体会一下……	导入新课
二、辛词佳作·你我共读 　　1. 聆听朗读，真诚点评。白居易说"动人心者，莫先乎情"，经典诗词总是以情取胜，听朗读，感知词中之情，听后从节奏和感情两个方面评价。 　　2. 学子齐读，初步感知。	教学目的一
三、携手联袂·以诗解词 　　诗歌是很难用现代汉语解释的，因为很可能解释不到位，甚至破坏诗词的美感。但是为了理解方便，有人用以诗（四言诗）解词的方式解释这首《青玉案·元夕》。 　　大家一起来看看，从节奏、内容两个方面评价一下这种翻译。 　　参考答案：恰似东风，夜间吹拂，绽放百卉，千树万树。吹落烟花，仿佛星雨。神骏宝马，雕花香车。轻驰而过，芬芳满路。婉转凤箫，悠扬荡漾。玉壶流光，绚烂夺目。一夜喧哗，鱼龙起舞。 　　顶飞蛾儿，头戴雪柳，首佩金缕，靓装佳人，元夜出游。笑语绵软，香气馥郁，凌波远去，芬芳难留。众里寻他，千遍百度。蓦然回首，那人却在，灯火零落，无人之处。	教学目的二
四、穿越时空·化身伊人 　　如果能够穿越时空，你来到辛弃疾《青玉案·元夕》所写的那个热闹元宵节，你成了灯火阑珊处的"那人"，你为什么独处冷落一隅，而不融入热闹的元夜快乐中？请你现身，用独白的形式告诉大家，你当时的心理？ 　　1. 各位老师、同学，大家好！我就是灯火阑珊处的"那人"，我叫田田，是一位风华绝代的佳人，当时我想……	教学目的三

(续表)

教学过程设计	设计目的
2. 各位老师、同学,大家好!我就是灯火阑珊处的"那人",我就是辛弃疾本人,当时我想…… 3. 各位老师、同学,大家好!我就是灯火阑珊处的"那人",但我不是那"人",而是辛弃疾的理想,当时我想…… 参考答案:1. 各位老师、同学,大家好!我就是灯火阑珊处的"那人",我叫田田,是一位风华绝代的佳人。 穿着靓装,身洒香水,首戴宝贵的头饰,乘坐香车宝马在热闹的元夜出游的贵妇人,她们的美是一种世俗的美,并不是我所追求的美。我所追求的美是王维诗中的"木末芙蓉花,山中发红萼。涧户寂无人,纷纷开且落"的美,是"清水出芙蓉,天然去雕饰"的美,是屈原的"扈江离与辟芷兮,纫秋兰以为佩。制芰荷以为衣兮,集芙蓉以为裳"的内在美。我不在乎别人的目光,我不在乎处境的冷落,我也不稀罕世俗趋之若鹜的美,我守着自己的独特,我守着自己的淡泊,我相信会有高洁出尘的高士理解我,欣赏我。 2. 各位老师、同学,大家好!我就是灯火阑珊处的"那人",我就是辛弃疾本人。 我继承屈子的"香草美人"的传统,我用灯火阑珊处的"伊人"来自比,我自从南归一直不忘记抗击金兵,恢复中原,我反对众多偏安一隅的臣子们主张的和议,我不被重用,报国无门,壮志难酬。我被冷落,被抛弃,守在灯火阑珊处,但我不会放弃自己的主张,我坚守自己的爱国之情、恢复之志。 3. 各位老师、同学,大家好!我就是灯火阑珊处的"那人",但我不是人,而是辛弃疾理想。这个理想是那么的美好,就像灯火阑珊处的出尘佳人,不同流合污,自甘淡泊,我对于辛弃疾有着强大的吸引力和驱动力,所以辛弃疾"众里寻'我'千百度",历尽艰辛才看到我。我就像"在水一方"的伊人,仿佛就在眼前,但是总迟迟无法靠近和拥有。 五、由情悟理·品味理趣 填空:古今之成大事业、大学问者,必经过三种之境界:"①",此第一境也;"②",此第二境也;"③",此第三境也。此等语皆非大词人不能道。然遽以此意解释诸词,恐为晏、欧诸公所不许也。(王国维《人间词话》) A. 众里寻他千百度,蓦然回首,那人却在,灯火阑珊处。 B. 衣带渐宽终不悔,为伊消得人憔悴。 C. 昨夜西风凋碧树。独上高楼,望尽天涯路。 六、古词今唱·经典永传 七、课后作业·探索研究 写一篇研究性文章:中国古代诗词"佳人"意象的探究。(不少于1000字)	

(续表)

板书设计	出尘佳人：自甘淡泊　不同流俗 弃疾本人：壮志恢复　请缨无路 词人情志：上下求索　壮志难酬 元夕盛况：比喻对比　夸张铺陈 深刻内蕴：以实喻虚　托物寓意	

《后赤壁赋》"灵动语文"教学设计

广州外国语学校　郭坤峰

课题	《后赤壁赋》（苏轼）
教学目的	复习文赋的特点，把握本文的思想感情，理解《后赤壁赋》所写的入世和出世的矛盾等复杂的感情。
教学重点	《后赤壁赋》是《赤壁赋》的姊妹篇，既有与前赋截然不同的意境创造，又有着与之一脉相承而更加深微的生命感触，这是教学的一个重点。
教学难点	《后赤壁赋》的思想感情深沉蕴藉，有"道士化鹤"的奇幻情节设计，学生若没有一定的古代文化常识和作者的背景知识，很难理解这一情节的寓意。 　　苏轼曾说："休言万事转头空，未转头时皆梦"，赤壁之游，乐则乐矣，转眼之间，其乐安在？以是观之，则我与二客、鹤与道士，皆一梦也。结合苏轼的这段话可知，"道士化鹤"的寓意是慨叹快乐易逝、人生短暂，应该是比较消极的。
教学（具）准备	多媒体放映设备
课型与教学方法	探究法、小组合作
学情分析	这个班是莘村中学的高二文科班，学生的知识积淀和思维水平不错，但这是师生第一次见面，十分陌生，学生有参与教学活动的障碍，所以要设计贴近学生实际的教学方案，切实有效地引导学生，推动他们积极主动地投入到语文的学习和探讨中。 　　学生已经学完了粤教版高中语文必修教材五册的文言文，文言知识的积淀应该比较丰厚，在这个基础上设计"以文代言"的教学方案，是有一定基础的，要化繁为简，以简驭繁，力争为学生留下思考和活动的空间，营造"主动、互动、灵动"的语文课堂。
教材分析	本课是粤教版高中语文选修二《唐宋散文选读》第四单元的第二课，本单元四篇课文都是唐宋的赋和骈文，学习重点是了解唐宋赋、骈文的文体特征。唐宋的文赋行文似散文，押韵似诗歌，充分体现了汉字的对称美、建筑美、音乐美和典雅美。 　　《后赤壁赋》通过景观的再三体验，深入揭示生命的本质，营造出浓郁的悲剧氛围，在对赤壁不同时节景观变化的描写中，表现思想的突围和灵魂的升华。

(续表)

教学过程设计	设计目的
一、分享经历　连接己情 　　各位朋友，你应该有过月夜出游的经历，能否和大家分享一下大致情形和当时的思想感情呢？ 　　苏轼的夜游情结： 　　1. 庭下如积水空明，水中藻、荇交横，盖竹柏影也。《记承天寺夜游》 　　2. 山城薄酒不堪饮，劝君且吸杯中月。《月夜与客饮酒杏花下》 　　3. 缺月挂疏桐，漏断人初静。《卜算子·黄州定慧院寓居作》 　　4. 至莫夜月明，独与迈乘小舟，至绝壁下。《石钟山记》 　　5. 月出于东山之上，徘徊于斗牛之间。白露横江，水光接天。《赤壁赋》 二、聆听朗读　初步知情 　　白居易说"动人心者，莫先乎情"，经典文章总是以情取胜，听朗读，感知文中之情，听后从语音、节奏和感情三个方面评价。 三、小组合作　深入探情 　　刘勰曾说："夫缀文者情动而辞发，观文者披文以入情。"下面我们就披文入情，把握文章的感情。文中道士问苏轼："赤壁之游乐乎？"那么你觉得苏轼赤壁之游快乐吗？请你转换身份，替苏轼回答一下这个问题。 　　（小组讨论两分钟，可以面朝后，可以离开座位，可以和听课的老师讨论。） 　　参考答案一：各位朋友，大家好！我是苏轼，元丰五年十月十五日月夜第二次游赤壁，我是快乐的，因为那一天晚上景色很好，地上有一层白霜，树叶都落光了，天上有一轮皎洁的明月，人影倒映在地上，整个世界给人十分纯净的感觉。再者还有两个朋友和我一起，我们从雪堂出发，回到临皋去，我们一边走一边唱歌，相互应和，我们唱的歌是"桂棹兮兰桨，击空明兮溯流光。渺渺兮予怀，望美人兮天一方"。我想在这美好的夜晚去赤壁游玩，有朋友相随，有朋友钓的美味鲈鱼，有贤惠的妻子准备好的美酒。 　　教师：这位同学回答得怎么样呢？请其他同学评价一下。我觉得这里确实写出了苏轼快乐的心情，但是这里写的并非赤壁之游，而是黄泥坂夜行之乐，是赤壁之游的缘起，所以并没有很好地回答问题"赤壁之游是否快乐？"，只能说从这里可以推测出赤壁之游可能快乐。 　　参考答案二：各位朋友，大家好！我是苏轼的朋友，元丰五年十月十五日月夜第二次游赤壁，苏轼是不快乐的，因为那晚游览虽然有良宵、良友、佳肴、美酒，但是与第一次游赤壁相比景色发生了很大的变化，江水发出巨大声响，江岸绝壁有千尺之高，山高高的，月小小的，江水退落，礁石露出。时光改变了自然，也改变了人生，生命就像江山的变化那么迅速，令人悲伤。另外苏轼在赤壁看到的景物并非《赤壁赋》里面的"清风明月"，而是岸边的巉岩耸立、草木茂盛，像虬龙和虎豹一样的岩石仿佛要吃了人，苏轼登上了鹰隼筑巢的高处，俯瞰水神居住的深渊，这里的环境险恶，让他心惊肉跳。我们两位客人都跟不上他，他放声长啸，草木震动，山谷发出回声，大风骤起，波澜涌现，我们也不禁心生忧伤，感到震惊和恐惧，寒意顿生。他回到船上，我们任船在江中漂流。环顾四周，寂寞冷清，我们还遇到一只孤单单的白鹤向东飞，叫声尖厉。这些也让他不快乐。 　　教师：这位同学分析得怎么样？请同学评价一下。苏轼赤壁之游不快乐有以下几个原因：伤心时光流逝，畏惧山石高危，环境恐怖，惊讶鹤鸣尖厉，感伤个人孤独。	导入新课

(续表)

教学过程设计	设计目的
参考答案三：各位朋友，大家好！我是苏轼，元丰五年十月十五日月夜第二次游赤壁，我是快乐的，因为那晚游玩有良宵、良友、佳肴、美酒，"山高月小，水落石出"的景色虽然和夏天不一样，但有一种秋天的美丽，而我"履巉岩，披蒙茸，踞虎豹，登虬龙，攀栖鹘之危巢，俯冯夷之幽宫"，不怕艰险，可以看出我游兴之浓，有着征服自然的豪情。我放声长啸，草木震动，山鸣谷应，风起水涌，长啸倾泻出我内心的抑郁。虽然周围环境有点凄清，但是无法阻止我的游兴，我回到舟上，任凭小舟飘荡，自由自在，还遇到一只孤鹤，横飞过江面，向东飞去，翅膀像车轮那么大，就像穿着黑衣白裙，发出尖厉的长鸣，掠过我们的小舟又向西飞去，好神奇，好美丽，所以我是快乐的。 教师：这位同学依据文本，做了和上面的同学不一样的分析，言之成理，那么谁说得对呢？好的，我们大家一起来读一、二两段，再体会一下。 参考答案四：各位朋友，大家好！我是苏轼梦到的道士，元丰五年十月十五日月夜第二次游赤壁，苏轼的感情是复杂的，黄泥坂之行他很快乐，然后去赤壁游玩，开始他也很快乐，游兴很浓，后来周围环境有点恐怖、凄冷，苏轼的心中生发出一点悲伤，觉得那个环境很像险恶的官场，客人离去，他也睡着了。在梦中他梦到了我，我问他赤壁游玩是否快乐，他问我姓名，我低头不回答，后来他猜中我就是鹤变的，但是他醒来打开门看时，我已经飞走了，不知去向，让他十分怅惘。苏轼游赤壁之后确实很快乐，但是快乐就像这个梦境一样，转眼过去，让人感慨万分。自从"乌台诗案"，苏轼被贬谪到黄州，心情很是不平静，很是羡慕羽化成仙的我们这些人，羡慕我们变成的仙鹤的飘逸、洒脱和自由，他也想像我这个道士一样，变化自由，羽衣蹁跹，但是梦醒之后，一切成空。所以我看苏轼看得最清楚，他是很矛盾的，想出世但不能够，想入世又有很多困难。 教师：这位同学能够结合全文，知人论世，全面地理解作者的感情，非常好。 四、前后赤壁　两文对比 　　课后作业：金圣叹评价《赤壁赋》《后赤壁赋》说，若无后赋，前赋不明；若无前赋，后赋无谓。复习《赤壁赋》，从写景、抒情、手法等方面将两文进行对比，写出自己的感受。	导入新课
板书设计	以文为赋：散文句法 铺采摛文：排比对偶 体物写志：苏子情志 游前—游中—游后 快乐—悲伤—怅惘

古代诗歌鉴赏理解分析跑偏之应对策略

广州外国语学校　付志军

年级	高三	班级	3班	时间	2022年3月10日
课题	诗歌鉴赏之理解分析跑偏			课型	复习课
考点分析	从近几年的高考真题看，古诗词鉴赏题中情感型试题特别受命题者青睐，而且分值较高。这是因为诗言志，只有准确感受作者在诗词中的情感，才能从更高层面品味、鉴赏诗词，故考生对这一类型的试题不可小觑。该题型的命题形式一般分为三类：一是简要分析作者在这首诗（词）中表达的感情；二是这首诗（词）情感丰富，请简要分析；三是某一情感在这首诗（词）中是如何体现的？当然题目设置并不囿于上述类型，有时它和其他题型一起出现，有时也不需要去具体分析这种情感。考生应根据试题的设置要求去准确作答。在诗词作家作品的选择上，呈现出既不避"热"，也不避"冷"，"冷"中有"热"，"热"中有"冷"的态势。"热"是指学生所熟知的著名诗词人的作品；而"冷"一方面指历朝历代"各领风骚"的"一时之英"，另一方面"冷"也指"热"作家的"冷"作品。年代以唐、宋为主。				
学情分析	虽然经过了一轮复习，但对大多数学生来说，诗歌鉴赏题仍然得分较低，主要是学生不能从整体上感知和读懂诗歌。学生不懂得古诗鉴赏的基本规范，不认真审题，对问题的内涵缺乏全面的理解，答题没有目标，没有紧扣问题来答题，答题思路不够清晰，随便用一些词语、孤立的判断句，堆砌诗歌鉴赏的一些术语或基本程来回答鉴赏题。尤其是对诗歌情感的把握，没有找到一些行之有效的路径，陷入思维定式，盲目"贴标签"，无法多角度挖掘诗歌中的思想感情。				
教学目标	通过典型案例，解析诗歌鉴赏中因思维定式而导致情感把握不准的失分原因，把握情感题的增分技巧，从而能准确分析概括诗歌的情感。				
教学重难点	把握诗歌情感题的增分技巧，能准确分析概括诗歌的情感。				
导学环节	导学内容				
知识回顾	关于诗歌鉴赏之理解分析跑偏，我们以前归纳过三点： 1. 因主观臆断而导致诗句理解错误； 2. 因遗漏或不能整合诗句中的信息要点而导致形象把握不准； 3. 因不能多方联系而导致情感概括不全。				

(续表)

导学环节	导学内容
要点解析	答题中存在的常见的思维定式： 1. 题材定式：看到送别主题就认为伤感。 2. 背景定式：看到注释中提到"此诗作于诗人被贬"等背景文字时，就认定抒发怀才不遇、哀怨凄伤的情感。 3. 风格定式：看到李白就认为他傲视权贵，不能看到他政治上的理想；看到辛弃疾就认为他要抒发报国之志或怀才不遇，不能看到他对闲适生活的热爱和向往。 ……
失分案例	阅读下面这首唐诗，完成后面的题目。 **古风(其二十六)** **李　白** 碧荷生幽泉，朝日艳且鲜。秋花冒绿水，密叶罗青烟。 秀色空绝世，馨香谁为传？坐看飞霜满，凋此红芳年。 结根未得所，愿托华池边。 这首咏物诗，表达了诗人哪些情感？请简要分析。(6分) 【学生作答】诗人才华横溢，有昂扬的自信，以"荷花"自居，出淤泥而不染，傲视权贵，不屑于与统治者合作，孤芳自赏。 赋分2分。思考：失分的原因？ 【白话诗歌】碧绿的荷花生长在幽静的泉水边，朝阳把它们映照得鲜艳无比。清秋季节，一朵朵芙蓉在绿水中袅袅举起，茂密的圆叶被缕缕青烟笼罩着。秀丽的花容，清香的气息，绝世空前，可是处于偏僻之地，谁来为之传颂呢？眼看着秋霜渐浓，秋风劲起，难免红颜凋谢。这大概是立根不得其所的缘故吧，希望能托身在芳华之池，时时鲜艳，永不凋谢。 【反思领悟】 考生存在思维定式。李白并非傲视权贵。华池，芳华之池。末二句表达了积极入世的意愿。另外，考生也欠缺切分层次多方联系的意识，导致遗漏2个要点，只能得2分。 本诗诗人以"幽泉碧荷"自比，"秀色空绝世，馨香谁为传"写出了荷花秀丽的花容、清香的气息，绝世空前，以此暗示自己才高道洁。再美的荷花，无人欣赏，也只能"凋此红芳年"，这里借荷花表达自己空有才华，却因没人举荐而不能建功立业，只能坐看年华流逝，心生感慨。"愿托华池边"表达了作者自己像荷花希望生长在芳华之池一样，也期盼自己能得到举荐，被朝廷重用。 【参考答案】 ①对自己高洁品性的自信。写荷花秀丽的花容、清香的气息，绝世空前，暗示了自己才高道洁。②怀才不遇，空任时光流逝的慨叹。写荷花纵然有绝世的美丽，但因"结根未得所"，无人为它传递馨香，只能凋零，表达自己空有才华，却因没人举荐而不能建功立业，只能坐看年华流逝，心生感慨。③对得到朝廷重用的渴望。结尾"愿托华池边"表达了自己像荷花希望生长在芳华之池一样，也期盼自己能得到举荐，被朝廷重用。 (每点2分，其中思想感情和结合诗歌分析各1分)

(续表)

导学环节	导学内容
方法 指津	通过上面的案例来看情感题准确判断的"技巧"： 1. 整体把握是前提 对局部的词、句、联、片的理解，必须把它放在整篇、整首中去理解，绝不可孤立地看这个词、句、联、片。否则极易造成片面理解，只见树木不见森林。分析时既要扣住所给文字，又要兼顾全诗，处理好局部与整体的关系。 2. 打破思维获真知 不要见到"独"就想到"孤单寂寞"，见到"酒"就想到借酒消愁，这样的套板反应、思维定式要不得。必须从语言中来，深入到更细腻的语言机理和层次之中，有理有据地整体观照，针对性地分析。 3. 切分层次不遗漏 除"字""词"外，其余的句、联、片均需厘清层次，有几个层次往往对应着几个情感层次。 4. 善用五个"抓手" （1）抓"情语"。如"冷""凉"等显性"情语"，出现的位置主要在尾句（联）、首句（联），有时还在标题中；还有表示情态、语气的虚词，如"但""惟""空""又"等。 （2）抓关键句。点出它所包含的思想感情。 （3）抓手法。如托物言志的句子（联或片）、用典抒情的句子（联或片）往往是双层的：前者既关"物"情又关"志"情，后者既有"典中情"又有"典外情"。 （4）抓典型意象。此法多用于咏物诗或写人诗的情感分析题中。 （5）抓意境。根据诗句，展开想象与联想，描摹诗句所表现出的画面，从而达到分析思想感情的目的。此法多用于对写景句或富有意境的画面的情感分析题中。
短板 补救	（一）阅读下面这首唐诗，完成后面的题目。 **还陕述怀**[①] 李世民 慨然抚长剑，济世岂邀名。星旗纷电举，日羽[②]肃天行。 遍野屯万骑，临原驻五营。登山麾武节，背水纵神兵。 在昔戎戈动，今来宇宙平。 [注]①此诗是唐王朝创建初期，李世民平定关东回师时所作。②日羽：古代旗帜的一种，用雉羽做成。 1. 下列对这首诗的赏析，不正确的一项是(3分)　　　　(　　) A. 首句和辛弃疾《破阵子》中"醉里挑灯看剑"一句所用的刻画人物手法相同。 B. 诗歌中间六句，先后描述了驻营、行军、出击的三个场面，写得凝练又具体。 C. 最后两句通过前后对比表达了对时局的感慨，并与开篇遥相呼应，首尾圆合。

(续表)

导学环节	导学内容
短板补救	D. 本诗把议论、记叙、描写、抒情等表达方式熔为一炉,脉络清晰,风格遒健。 答案:B。 【解析】结合诗歌可知,诗歌描写的内容场景先后顺序为行军、驻营和出击。 2. 诗歌"述"出了诗人什么样的情怀?请简要分析。(6分)(提示:注意情感的丰富性) 【参考答案】 ①前线将士流血牺牲,是为了"济世救民",能辩证地看待战争的意义,述出诗人高尚的为民情怀。 ②"济世岂邀名",统一天下不是为了争名夺利,述出诗人不计虚名的豁达胸襟。 ③统军作战,指挥若定,述出诗人自信慷慨的豪情壮志。 ④"今来宇宙平",述出诗人平定叛乱、肃清天下的政治抱负。(任答三点即可) 【白话诗歌】 刚刚经历了征战,手抚腰间的长剑不禁慨然长叹:这一切都是为了济世救民,岂是为了争名夺利!旌旗簇拥,军情火急,部队行军迅如闪电,军纪严明。漫山遍野驻守了千军万马,茫茫原野上驻扎了成片军营。时而登上山顶挥动旌旗指挥作战,时而背后临河指挥神勇的军队。昨天的残酷战争,终于换来了今天的和平统一。 (二)阅读下面这首唐诗,完成后面的题目。 **送人宰吴县** 杜荀鹤 海涨①兵荒后,为官合动情。字人②无异术,至论不如清。 草履随船卖,绫梭隔岸鸣。唯持古人意,千里赠君行。 [注]①海涨:沧海横流为患,比喻社会的动乱。②字人:抚养人民。 1. 下列对这首诗的赏析,不正确的一项是(3分)　　　　(　　) A. 首联写连年兵荒马乱之后,做官就更应该考虑到人民的疾苦,这是诗人对去吴县当县令的友人的告诫。 B. 颔联两句中诗人为友人指出了抚养人民的办法,认为没有什么特别的办法,为官清正廉洁才是最好的。 C. 尾联照应诗题,点明送别,并在送别之际祝福友人像古代官员一样,政绩卓绝,前程似锦,前途无量。 D. 这是一首送别诗,没有离愁别恨、愤慨于仕宦不遇等消极情调,表达了时时不忘"济世救物"的诗旨。 答案:C。 【解析】"祝福友人像古代官员一样,政绩卓绝,前程似锦,前途无量"理解错误,尾联表达的是诗人希望友人像历史上那些政绩卓绝的清官一样,具有一颗仁民爱物之心,做一个清廉爱民的好官。

(续表)

导学环节	导学内容
短板补救	2. 诗的颈联两句有何含意？请简要分析。(5分)(提示：注意送别诗歌不一定全是伤感、惜别) 【解析】本题要答出颈联的表层意义和象征意义。 　　读懂全诗，根据颈联中的具体内容分析。"草履随船卖，绫梭隔岸鸣"，诗人从视觉、听觉两方面写出友人乘船赴任途中的情景。船家一边行船，一边出售自己编织的草鞋，对岸传来织帛的机梭声。其中的草鞋、布衣和绫梭等都是百姓生产、生活的象征。诗人的言外之意是希望县宰朋友到任之后能够注重恢复发展当地的生产，使百姓安居乐业，幸福生活。 【参考答案】 　　①颈联中，诗人从视觉、听觉两方面写出友人乘船赴任途中的情景。②船家一边行船，一边出售自己编织的草鞋，对岸传来织帛的机梭声。③草鞋、布衣和绫梭等都是百姓生产、生活的象征，诗人言外之意是希望县宰朋友到任之后能够注重恢复发展当地的生产，使百姓安居乐业，幸福生活。
课堂总结	1. "诗歌鉴赏之理解分析跑偏"存在哪几种常见的思维定式？ 2. "诗歌情感题分析概括"增分有哪些技巧？
板书设计	常见的思维定式　　　　　　善用五个"抓手" 1. 题材定式　　　　　　　　1. 抓"情语" 2. 背景定式　　　　　　　　2. 抓关键句 3. 风格定式　　　　　　　　3. 抓手法 　　　　　　　　　　　　　4. 抓典型意象 　　　　　　　　　　　　　5. 抓意境
巩固训练	(一)阅读下面这首唐诗，完成后面的题目。 **曲江对酒**[①] 杜　甫 苑外江头坐不归，水精宫殿转霏微[②]。桃花细逐杨花落，黄鸟时兼白鸟飞。 纵饮久判[③]人共弃，懒朝真与世相违。吏情更觉沧洲[④]远，老大徒伤未拂衣。 [注]①这首诗写于乾元元年(758)春，是诗人最后留住长安时的作品。此时诗人虽仍任拾遗，但有名无实，不受重用。②霏微，迷蒙的样子。③判，读"pān"，"甘愿"的意思。④沧洲，水边绿洲，古时常用来指隐士的居处。 1. 对本诗分析不正确的一项是(　　)。(3分) A. 这是一首咏史诗，首联"转"字写出时过境迁的意味。 B. 颔联不仅上下句对仗，而且还有"当句对"，格律严谨。 C. 颈联正话反说，尾联使用了"沧州""拂衣"等典故。 D. 全诗感情浓烈，运思深刻，体现了杜诗沉郁顿挫的风格。 答案：A。 【解析】本句的意思是诗人在江边久坐，随着时间的推移，宫殿变得迷蒙不清。 2. 简析作者在诗中抒发的思想感情。(5分)

(续表)

导学环节	导学内容
巩固训练	【参考答案】 ①诗人感觉闲散无聊,坐江头多时,不想回去(1分),纵饮懒朝,后悔没有及早辞官归隐。(1分)②表达了诗人仕途失意、抱负难展的愤懑不甘和理想落空、报国无门的抑郁难平。(3分) (二)阅读下面这首宋词,完成后面的题目。 **踏莎行** 张孝祥① 长沙牡丹花极小,戏作此词,并以二枝为伯承、钦夫②诸兄一觞之荐。 洛下③根株,江南栽种。天香国色千金重。花边三阁④建康春,风前十里扬州梦。 油壁轻车,青丝短鞚⑤。看花日日催宾从。而今何许定王城⑥,一枝且为邻翁送。 [注]①张孝祥:字安国,南宋著名词人。当时张浚出兵北伐,张孝祥被任命为建康留守。②伯承、钦夫:指吴伯承、张栻,二人均为张孝祥的好友。③洛下:指洛阳。④三阁:指南朝陈后主所建临春、结绮、望仙三阁。⑤鞚:带嚼子的马笼头。⑥定王城:指长沙城。 这首词表达了词人哪些思想情感?请简要概括。(6分) 【参考答案】 ①对故土的怀念;②渴望收复北国大好河山的爱国之情;③报国无门的忧愁与无奈;④对统治者苟且偷安行为的不满。

现代诗的审美与鉴赏

广州外国语学校　刘艳茹

课题	现代诗的审美与鉴赏
教学目标	1. 对本学期阅读课所涉及的现代诗文本进行整体感知。 2. 根据导读课所讲内容归纳、概括鉴赏现代诗的"美"的方法。 3. 激发学生的阅读兴趣,学会借助"诗"这种文体来表达情感。
教学重点和难点	鉴赏现代诗的方法
教学(具)准备	课件、图片文本
课型与教学方法	此课型为专题阅读汇报课,此课不局限于老师的讲授,一方面通过本节课给学生提供一个展示和相互交流的平台,在学生的交流过程中激发学生对文本新的认知和感受,以期产生新的问题和对文本的重新解读。另一方面老师对学生的展示做总结与提炼,将文本细读落脚到阅读的方法上来,以期提高学生的审美与鉴赏能力。
学情分析	学生从初中到高中已经学习过不少现代诗歌,但基本停留在感性的认识上,在本学期现代诗歌和古诗文的对比阅读课中,学生对现代诗表现出比较大的兴趣。学生对于现代诗的表达与古代诗的表达的异同点也进行过相应讨论,高二(1)班的学生对于文本解读的热情比较高。希望通过本节课学生能够在感性认识的基础上,将现代诗的解读深入到理性认知的层面。
教材分析	现代诗在高中语文必修课本中只出现在必修一的第一单元,《雨巷》《再别康桥》是学生在高中阶段最初接触的现代诗,另外高中选修课本《中国现代诗歌散文欣赏》共有 25 篇诗歌,一部分同学已经进行提前阅读。语文核心素养里的"审美与鉴赏"是高中阶段培养学生能力的重点与难点,学生阅读文本时常常出现为了题目而阅读的情况,比较少关注个人的审美感受与体验,通过诗歌这种精练的语言文本的学习恰恰能够在短时间内引起学生审美的注意,让学生关注到语言本身与表达,进而关注情感的传递。

(续表)

教学过程设计	设计目的
一、导入 　　通过图片展示孩子们的诗,谈谈第一感受。 　　(天真烂漫、可爱、纯真) 二、诗美之我谈 　　1. 小组结合学案交流阅读成果(5分钟) 　　2. 小组代表汇报成果 　　顾城的《一代人》;食指的《相信未来》;林徽因的《你是人间的四月天》;木心:燃烧,独对雕像,夜夜文艺复兴。 　　刚才各小组已经在小组内部就学案上四首诗歌的结构形式、选用意象、感情抒发、作品风格感知等方面交换了意见,现在请各小组分别派代表发言,我们一起交流和欣赏同学们的阅读成果。 三、诗美之我炼 　　总结鉴赏现代诗的方法: 　　1. 诗歌意象(特殊性、典型性、丰富性……) 　　2. 语言组织(句式、节奏、色彩……) 　　3. 手法运用(比喻:显喻、暗喻;通感;联想与想象……) 　　4. 情感表达(表达方式:描述式抒情、喷发式抒情;情感的共鸣) 　　5. 谈谈现代诗的"陌生化" 四、诗美之我见 　　问题探究:《中国,我的钥匙丢了》中的"钥匙"有什么丰富的内涵? 　　1. 打开家门的钥匙 　　2. 打开抽屉的钥匙 　　3. 打开书橱的钥匙 　　4. 打开美好的钥匙 　　概括:寻求一把打开心灵的钥匙 五、诗美之我写 　　展示学生的习作,探讨作品的美 　　每个年龄的诗都有每个年龄独特的美,每个年代的诗都有每个年代独特的美,诗歌是一种综合性的表达,也是一种个性化的理解。捕捉瞬间的感受,丰富人生的体验,就是审美。 六、板书设计 　　现代诗的审美与鉴赏　　意象 　　　　(陌生化)　　　　语言 　　　　　　　　　　　　表达方式 　　　　　　　　　　　　情感	吸引兴趣,引出课题。 整合文本,碰撞火花。 总结方法,学会提炼。 文本细读,学会运用。 学会表达。

语文海里泛轻舟　古诗文苑品真情

广州外国语学校　李柳静

一直以来,学生学习古诗文有一个大难关很难跨越,那就是背诵古诗文的原文及释义。好多同学在老师讲授古诗文时能勉强背下,但到了期末时又忘了大半。如何在复习阶段激发学生复习古诗文的兴趣,让他们能快速高效地记牢诗文和释义,是老师们抓好高效复习很重要的一步。随着复习节奏的加快,各个科目的老师都加足马力,不断给学生各种各样的复习记忆资料,特别是文科老师们,更是把背诵记忆的内容印成一张试卷甚至一本本"宝典""秘籍",鼓励学生去背诵。如何才能让学生有动力去背诵,在历史、政治、地理等背诵记忆占比较多的学科中突出重围,让学生能积极主动去背诵语文的古诗文,背得牢,记得深呢?我想以往"甩资料"让学生去背诵记忆的做法肯定不可取。我想到了课本第三单元的综合性学习活动"古诗苑漫步",继而想到了最近几年央视非常优秀的一个节目《中国诗词大会》。我想,可以把古诗文复习和诗词大会结合起来,设计一两节古诗文的综合性学习活动课,让他们能发挥主观能动性,以竞赛的方式来一个比拼。这样,不就避免课堂上复习时间不足和复习机械枯燥的问题了吗?

说做就做,我马上和备课组的同事们说了这个想法,大家群策群力,分工合作,于是就有了下面的教学设计和教学实施过程。

一、教学目标

1. 分小组围绕七、八年级学过的古诗文进行限时背诵(一周),加强古诗文名句的记诵;

2. 学生借助多种活动形式加深对古诗文的理解,引发学生对古诗文的热爱之情;

3. 通过小组互助竞争的形式,不断提升学生的自主合作与语言表达能力。

二、教学重点和难点

1. 学生对七年级和八年级两个学年学过的诗文进行整理和背诵；
2. 通过活动形式，提高学生的理解能力与鉴赏能力；
3. 提高学生的审美能力，引发他们对诗文的热爱之情。

三、教学过程

1. 导入课堂

诗歌，是我国文学世界中一颗璀璨的明珠，人们用诗记录社会生活，用诗表达丰富的情感。例如，"欲穷千里目，更上一层楼"就是登高望远的豪气，"安得广厦千万间，大庇天下寒士俱欢颜"表达了诗人体察人间冷暖的济世情怀。当然，古人咏诗，还吟咏美好的爱情，这些诗句有……还吟咏纯洁的友情，这些诗句有……更吟咏了自己的高远志向，这些诗句有……"歌以咏志，诗以言情"，诗歌以接近完美的形式反映人们的丰富情感。除了诗歌，古人还有状物、抒情、记事、写人等的文章，其中的自然美景、生活百态、哲理思考都让我们徜徉文海，手不释卷。现在，就让我们一同漫步在古诗文苑，沉浸在诗文海洋中，与文人们来一场情感的碰撞！

2. 点点回忆基础赛

【小组接龙背古诗文】（预计7分钟）

8个学习小组，每组6人（多出的3人为工作人员，负责计时和计分。5班有王羿彤、黎可曼，6班有邓雨瞳、钱欣荻），每个组员必须在5秒内根据屏幕提示准确背出一句诗文，每组5道题。要求：每个小组成员轮流背一句，不得代为回答。第二轮给主题词，比如：颜色、花、月、地名等，要求在30秒内背出诗文，背出诗句数量多的小组获胜。这一环节准备40道上下句背诵诗文的题目。

设计意图：让小组的所有成员都参与进来，让成员们能够利用课余时间主动去整理和背诵以前学过的诗文，利用碎片化的时间复习。第一轮每个组员必须要把学过的课内古诗文进行梳理和背诵，而且熟练度要高；第二轮进阶为"飞花令"，对组员分主题背诵有较高要求，可由组内古诗文积累较好的同学来承担。组内有合作又有个性化的展示。

3. 你比我猜晋升赛

【你比我猜辨诗文】(16分钟)

每组由2名选手参加，一人比画一人猜，每组限时1分钟。比画者可以用肢体语言和口述语言的表达形式向猜诗文者传达信息，但是不得说出诗文（名）中带有的字，否则这道题作废，不计分。如果猜不出可以喊"过"，每组限4次机会。要求：台下观众和其他组员不得提醒。按每组猜出诗文（名）数量多少和用时长短排名，数量多和用时短的小组获胜。（每个小组回答12道题，第一轮有4道题，是猜诗文标题，第二轮有8道题，是猜诗文句子，两轮题目难度有梯度，循序渐进。）

设计意图：小组要选派基础牢靠、扎实且表达和表演都要好的同学上来担纲"说""演""猜"，相当考验这两名同学的配合和默契度，当然也考验全班同学是否有认真倾听和观看表演的纪律性。第一轮猜诗文题目比较简单，后面是诗文原句，有五言诗句、七言诗句，甚至是长的骈文，非常考验学生的思维敏锐性和即兴表演的能力。

4. 花落谁家冠军赛

【古诗文苑显真情——对话古诗人】(8分钟)

我们无法抵挡古代诗文的魅力。有的诗文如茶，清淡苦涩；有的如酒，醇香浓烈；有的如汤药，浸满苦涩。有的诗文让我们震撼激动，有的让我们伤感落泪，有的让我们清爽开阔。走进诗文，我们便走进了与古人的对话之中。下面我们与文人们来一次心灵的对话，请你选一个自己最喜爱的文人，介绍一下他（她）的背景和诗文特色，给他（她）写一段话表达对他（她）的赞美与敬仰之情。要求：每个人在老师打印好的精美信笺纸上写一段话。每个小组推选最优作品投影出来，小组合作进行创意朗读。这一环节共10分，卷面满分5分，朗诵分5分，分值精确到小数点后一位，由老师和全班同学共同给分，老师打分占比60%，同学打分占比40%。

教师示例1：李白独树一帜，带着西域狂放洒脱的气质，他拒绝了"摧眉折腰事权贵"。他说"行路难"，但却一直在执着地走。他走着笑看红尘，他走着辞别故友。他"花间一壶酒"，"举杯邀明月"；他一叶轻舟，"唯见长江天际流"；他"歌遍山河八万里"，洋洋洒洒为后世留下多少千古名作。李白，我崇敬你！

教师示例2：品读李清照不同阶段的诗词，就像品味一场流动的盛宴，有姹丽眷恋,有清欢闲愁,不同路程迎来不同的柳暗花明,不同时间对应不同的酸甜苦辣。年少时光,无忧无愁,在荷花深处纵情欢乐,以至于"沉醉不知归路";青春岁月,打过秋千,遇见了那人,会情不自禁地表现出"倚门回首,却把青梅嗅"的害羞与心动;新婚宴尔,她也会像陶醉于甜蜜爱情的寻常女子那样,将娇嗔的一面在郎君面前展露无遗,于是"云鬓斜簪,徒要教郎比并看";夫妻相隔两地,挂念在心,"花自飘零水自流,一种相思,两处闲愁",同样游于藕花深处,已没有当年欢畅;国破家亡,良人已逝,孤苦无依,留她一人,独自颠沛流离,"寻寻觅觅,冷冷清清,凄凄惨惨戚戚"成为人生收梢处的主色调……

设计意图:前两个环节是充分调动学生的积极性和主动性,把枯燥无味的古诗文背诵变成竞赛的方式,让学生在既紧张又轻松的氛围里重温、加深对古诗文的记忆和理解,而第三个环节是让他们沉静下来,思考学习古诗文的心得体会,把自己对作品的阅读体会进行提炼并用诗意的语言表达自己对古人的爱戴。可以说这种设计达到一种和古人交流、神合的状态,可以提高学生的审美能力,引发他们对诗文持之以恒的热爱。

5. 课堂结语

古代诗文是文人们熔铸情感的艺术结晶。今天,我们通过不同的方法与形式品味古诗文,这是一次大胆的尝试与美的体验!唯愿同学们在以后的学习中,能够常启诗文之门,多读诗文,品读好诗文,做一个"胸藏文墨虚若谷,腹有诗书气自华"的灵秀之人!

6. 教学反思

期末复习备考时,教师如何调动学生复习的积极性?我不是单纯让学生机械记忆和复习,背诵和默写,不采用重测、留堂等高压手段的做法,而是让学生能主动去背诵记忆,以小组合作和竞赛的方式做主动的复习者和高效的争分人。我在复习形式上作出大胆的尝试,对复习课堂进行设计,使复习的难度有梯度,顾及不同学习层次的学生,让他们都有展现的舞台,获得学习的成就感。一下课,6班的庄同学迫不及待地跟我分享她这节课的收获:"老师,我觉得这节课实在太刺激了,太好玩了。我的手一直紧攥着,手心一直在出汗。不仅因为紧张,更是因为我一整节课都很专注、认真,一直在为我们组积极思考,主动答题!"5班的康同学上完课后还意犹未尽地说:"老师,星期二的阅读课能不能再给我们上一次这样的课啊?我们组肯定能把分给追回来。"

5班的尹同学告诉我，他在课前积极背诵整理古诗文，竟然在短短三天的时间里把七、八年级所有的古诗文都背熟了，为的就是不让小组丢脸，而此前他是我们班背诵古文的拖后腿"专业户"……

　　什么样的学习最有效？就是能调动学生学习的积极性，挖掘学生的内驱力，让他们体验到存在感、价值感以及成就感的学习。以后我还会为此而不断尝试，在教育教学上做出努力和改变。

《阿长与〈山海经〉》灵动语文课堂初探

广州市南沙区滨海实验学校　蒲　敏

《阿长与〈山海经〉》出自部编版《语文七年级下册》第三单元的第10课。学生一向认为鲁迅的课文偏深涩难懂。在教学过程中,我试着站在学生理解的原点上,去思考学生面临的思维困惑,然后从学生实际认知程度出发,设计一系列的课堂活动,让学生在灵动的语文活动中去感悟、体会和理解。

这篇课文,我设计了2个教学目标:一是通过童年鲁迅和成年鲁迅两种视角,抓住典型细节,深入理解阿长的人物形象;二是透过作者的情感变化,精思阿长、《山海经》的深层意蕴,获得有关"小人物"的人生启示。

教学目标设计的依据,主要来自以下几个方面:

(1) 语文课程标准:课标提到,欣赏文学作品,要学会品味作品中富有表现力的语言;体悟作品中感人的情境和形象;领悟作品中的内涵,获得对社会、人生的有益启示。

(2) 语文教材:七年级下册第三单元集中讲述了平凡小人物身上的优秀品格,要求学生掌握熟读精思的阅读方法,把握文章重点,感受文章的深层意蕴。

(3) 文本特质:这是一篇回忆性散文。王荣生教授在《散文教学教什么》中提到,阅读这类散文,不仅仅是为了知道作者所写的内容,而是通过这些内容触摸作者的心眼、心肠、心境、心怀,体认作者对社会、人生的思量和感悟。

(4) 学生学情:据报告反馈,我区学生在阅读方法与阅读策略上存在一定缺失。学生在六年级已学过鲁迅专题单元,在七年级上学期学习了《朝花夕拾》,对鲁迅作品的内容和主题有一定的了解。

本课我一共安排了两个课时,第一课时重熟读,第二课时重精思。第一课时通过猜读题目,预设内容;默读全文,概括事件;精读课文,品析人物;跳读课文,辨析情感四个有层次、有梯度的阅读环节,让学生达到熟读的目的。学生从而对本文主要事件和人物形象有了相对准确的把握,并绘制出了童年鲁迅对阿长的情感态度变化曲线。

第二课时则重在精思《山海经》部分,通过教育戏剧和双重视角的方法,从更深的层面上去理解人物形象和思想主题。结合特里·伊格尔顿的文学批评理论和艾布拉姆斯的文学活动要素理论,确定了从文本到作者再到读者的教学活动路径。结合上述内容,我设计了三个教学环节,即读一部宝书,思一个魂灵,得一点启示。这也符合布鲁姆的目标分类学的相关理论,引导学生思维从理解到分析再到创造的发展层级。

一、读一部宝书

我从"宝书"二字入手,引导学生精读课文,通过勾连《从百草园到三味书屋》《二十四孝图》《五猖会》的相关内容,理解"我"对《山海经》的渴望之情。接着从文中描写求书不得的文段切入,通过朗读入情,抓住典型细节,让学生在自读、互读、齐读中,体会"我"越来越失望的心情。然后咬文嚼字,通过词语替换法和删除对比法来体会阿长主动来问我时"我"的心理,为后面深度感受"阿长形象"蓄势。

二、思一个魂灵

利用教育戏剧和双重视角的方法,以阿长买《山海经》作为戏剧焦点,设置"阿长买《山海经》"这一戏剧活动。通过教师入戏、角色提问、多次重演关键场景、"坐针毡"等戏剧方式,让学生对阿长这一人物形象的理解逐渐深入,加强戏剧的活动探索效果。

在这一个环节中,重点是让学生通过典型细节,体会成年鲁迅对长妈妈基于理解之上的感激、怀念,从而引发自己对待小人物的思考。但难点在于,学生缺少相似经历,较难进入文本情境,更难以跨越时代、年龄和身份的鸿沟去理解一个对他们而言十分陌生的长妈妈。

因此,我选择通过教育戏剧和双重视角的方式,让学生在想象、模拟阿长买《山海经》的故事布景中,去体察情境中那些细微变化与矛盾冲突,在多次表演和多重渲染中触类旁通,引发学生的共情感和同理心,最终跨越陌生的鸿沟,体悟长妈妈的善与爱,理解成年鲁迅的感激、怀念与同情、愧疚,达到情感和思想上的双重成长。

1. 布置情景任务:书中并未对阿长买书的具体过程进行描写,但通过阿长将《山海经》说成"三哼经"这一典型细节,可以预设到阿长买《山海经》的过程应是十分艰难的,那么到底有多么艰难?她又是如何买到的?让学生基于这一细节进行想象与补白。由老师扮演店家,学生扮演阿长,去共同组建一幕戏剧表演。

2. 评述学生成果:在学生的表演过程中,鼓励学生互相点评,多次重演关键场景,在共同生成的过程中去丰富阿长的人物形象,逐步加深对阿长的理解。学生演绎的四个场景最为真实动人:

一是阿长初进店门遭受店主白眼时,那一句惶恐却又充满肯定的话:我……我想买本书!

二是店家误将《三字经》扔给她时,阿长迅速翻看并喃喃自语道:不是,你这个没画,我要那个有画的!

三是在店家三番四次的嘲讽后,她仍在竭力地坚持着:我要的是那个有画的,讲故事的,小孩子很喜欢看的书。

四是店家终于递来《山海经》时,长妈妈那声激动的确认:对,对,对,就是这个,哥儿说过的,"三哼经""三哼经"!有画儿的!

3. 转换叙述视角:基于"三哼经"这一典型细节,学生在戏剧表演中已经体会到了阿长买书的重重困难。童年鲁迅在拿到这部书的时候,只是"一个霹雳""震悚",他固然是没有想到阿长买书的艰难,只是觉得阿长有"伟大的神力",能做到别人做不到的事。而成年鲁迅在提笔写及此事时,也就如我们戏剧表演时所感受到的一样,对阿长的苦与善有了更深刻的理解。

从以上的环节中,我们可以发现三重变化。第一重是童年鲁迅在得书前和得书后对待阿长的心理变化,第二重是童年鲁迅与成年鲁迅对待阿长的情感变化,第三重是学生通过课堂多层次的教育戏剧探索,对阿长形象得出的新认识。

三、得一点启示

学生通过教育戏剧这一灵动的教学活动,深度地感知了阿长,并将阿长这个人物形象立体化,学生也达到了入境、入情的程度,这个时候,便可以引导学生结合自己所感所思去理解和思考。

学生通过教育戏剧和后面的讨论,理解了阿长为什么成为作者最为怀念的那个人,也明白了那四本粗拙的木刻本子为什么被作者视为最为心爱的"宝书"。

教师总结：

阿长与《山海经》，都有着简单朴素的外在，都是作者心灵深处的珍宝。如今，双双都失去了。鲁迅心中百感交集，满是怀念、感激，也充满着愧疚和同情。所以到了文末作者再也抑制不住，深情地祝祷："仁厚黑暗的地母呵，愿在你怀里永安她的魂灵！"

《朝花夕拾》是一部回忆录，它与鲁迅的《呐喊》《彷徨》不一样的地方在于，它在回忆岁月中最刻骨铭心的人与事。我们从中读到的不仅是鲁迅对长妈妈那份从隔膜、鄙视到接纳、怀念的变化，更读到了一个富有智慧的作家在经历了岁月的洗礼后所关注到的人性的真善美，并学会用更广博的胸怀去看待一个充满缺点甚至是有所缺陷的小人物。老师也希望，同学们永远怀着一颗真诚、平等、尊重他人的心与身边的小人物相处，成为富有智慧与广博胸怀的人。

通过这一课的教学，我更加坚定"灵动"教学的方向，教学要永远站在学生的角度，思考如何让学生深度参与到课堂中，让学生在课堂活动中动手、动脑、动情，触动灵魂，牵动灵思。

以象写意　以象评诗
——《艾青诗选》读写课教学设计

广州外国语学校　李韵琪

【课前两分钟】

全班齐声朗读《雪落在中国的土地上》《太阳的话》,剩余时间请同学们看助读材料,一起走近诗人艾青,了解他的一生。

【导入课堂】

艾青说:"诗是人类向未来寄发的信息,诗给人类以朝向理想的勇气。"今天我们一起来走近他的《艾青诗选》,品读诗人给我们寄发的信息,感受那一份朝向理想的勇气。

【过渡语】

师:周末我让同学们写了《艾青诗选》的读后感,在同学们的初读感受里,你是否找到了共鸣?(教师选读三位同学的感受)

生(吴灵梓):我们回首,听见艾青的呼唤;我们抬头,看见满天星光;我们向前,那是祖国的大好山河。

生(刘子沛):火把、太阳、光明、化石,是一个人坚定不移的信念,是一种对光明不停息的追求。

生(林雨萱):艾青就是如太阳一般的人,他在用自己手中的笔,一点一点温暖着中华大地上的人们,让他们重新燃起信心。

生(谢蕙如):希望和悲伤都是一缕光,在这连风都吹不出褶皱的平淡日子里,也在熠熠发光,如太阳下的我们一样。

生(黄汝程):走进艾青的心,我被他强大深沉的文笔所折服,因他为人民,为国家,为民族的思虑而感到敬佩。

生(陆俊合):他在无尽的黑暗中,始终保持着一束希望。

生(朱丁琪):艾青的诗把深刻的语言变为他笔下的真挚情怀,真切的呼喊如同照亮黑暗的一道光。

生(陈皓铭):艾青的诗告诉我们,光明从来不廉价,她是世界上最高贵、最纯洁的希望。

【过渡语】

师:同学们的语言很美,但是初读感受只是一个感性的认识,今天我们通过诗歌的读写训练,从感性认知走向诗歌的理性思辨。

师:"诗人永远是他生活时代的最忠实的代言人。"艾青先生是这么说的,也是这么做的。他将诗歌化作一把把刺刀,一发发子弹,直击敌人的心脏,正如《雪落在中国的土地上》;同时他又把诗歌化作一点点星光,一抹抹彩霞,温暖着人民的心怀,正如《太阳的话》。

【活动一】把握意象,体味情感

(一)合作赏析《雪落在中国的土地上》《太阳的话》这两首诗。

小组合作:1.圈画典型意象;2.批注写作手法;3.组内探讨意象所表达的情感。

明确:

(1)1、2号同学负责圈画诗歌意象;(2)3、4号同学负责批注诗歌手法;

(3)5、6号同学负责领悟诗歌情感;(4)组内同学可相互补充完善,6号同学将赏析的重点整理在助读材料上,组内同学推荐一位中心发言人,代表小组发言。

师:请一位同学发言,其他同学仔细听,并做好笔记。发言同学讲完可补充。

(同学讲,老师板书。最后要以表格形式归类,圈出意象。)

【过渡语】

作家聂华苓说:"艾青的诗,好在那雄浑的力量,直截了当的语言,强烈鲜明的意象。"我们了解了《雪落在中国的土地上》《太阳的话》的意象与情感后,接下来我们用一句抒情性的话语来评价这两首诗,一起感受诗人的意象之好、力量之美。

(二)仿照示例,请你用一句抒情性的话语来评价《雪落在中国的土地上》《太阳的话》。

示例:你用"污巷"抨击着黑暗,追逐着光明,唤醒了一个个沉睡的人。

温馨提示:1.独立思考;2.写在助读材料相应处。

【过渡语】

师:刚才同学们的每一句话都是肺腑之言,都情真意切。那么对于阅读而言,学以致用,将阅读内容转化为自己的表达资源至关重要。由"读"到"用",再由"用"到"读",阅读层层深入。

【活动二】链接中考,写推荐语

图书馆正在举行"读好诗,读诗好"的诗歌推荐活动,请你从《艾青诗选》中任选一首诗,运用排比句的形式为这首诗写一段推荐语。(写在你所推荐的那一首诗的页面上)

要求:1. 用到诗歌中的意象;2. 写出意象所表达的情感。

(一)赏读"太阳"意象群

联读《向太阳》《火把》《春》《黎明》。

预设:

几首诗中"太阳"意象群的特点:无比温柔的黎明;初升的太阳照在一切荒芜之上(希望);在东方的深黑的夜里,爆开了无数的蓓蕾;来自郊外的墓窟(春天的到来要经历黑暗:春天是用无数的牺牲换来的);延迟到来(等待着、期盼着)

师:艾青诗歌中的"太阳"意象群象征驱除黑暗、坚持斗争、争取胜利的美好愿望,是对光明、理想、美好生活的热烈追求。

(二)赏读"土地"意象群

预设:

《我爱这土地》中写的被暴风雨打击的(日军侵犯的)土地,从"嘶哑的喉咙歌唱""连羽毛也腐烂在土地里面"可以看出诗人愿意为国捐躯。

《复活的土地》中的土地是"曾经死了的",可见是支离破碎、伤痕累累的,从"拂去往日的忧郁"可以看出诗人对这片土地充满希望,并有为之战斗的豪情。

《北方》中的土地是"悲哀的""广大而瘦瘠的",诗人对土地有着深沉的爱,并坚信光明一定会到来。

《旷野》中的土地是薄雾迷蒙着的,是静止、寒冷、寂寞的,诗人对此感到悲痛。

(学生边回答边把自己读出的情感表现出来,朗读贯穿于品析交流的始终)

示范作品:

你用"污巷"抨击着黑暗,追逐着光明,唤醒了一个个沉睡的人。

你用"花束"装点着土地,晕染着山河,修饰了一扇扇破旧的心门。

你用"亮光"点亮着孤寂,铺满着希望,照耀了一方方深爱的国度。

【小结】

师:希望今天这节课能为我们阅读艾青以及其他诗人的诗歌打开一扇窗,愿同学们都能用诗歌点亮生活,点亮希望,点亮我们前进的力量。

【课后作业】

编写卷首语,深度阅读

班级微信公众号要推出艾青诗歌系列文章,预备邀请你担任小编辑。请你从《艾青诗选》中选出5~8首有同一意象的诗歌,形成小诗集,然后为你选编的小诗集写一段卷首语。

要求:1. 字数200字以上;2. 结合所选意象进行编写。

郭坤峰老师灵动语文课堂实录

唐诗宋词里的唯美别离

师：各位小伙伴，大家应该会唱李叔同的《送别》，下面我们一起唱一下。（教师带着学生一起唱）

师："黯然销魂者，唯别而已矣！"提到离别，我们总觉得离别是悲伤的感情，但是古人用诗词方式记录，用方块汉字凝练，用韵律节奏表达，用精练、隽永的文字提纯，所以古代的那些离别诗就有了唯美的特质。

师：昨天我们去图书馆阅读，今天我们在教室内分享，深入离别诗的内心，体会古人情怀，下面分享开始。

师：我们的分享有以下四个小主题：会离别情，梳理离别诗抒发的感情；品离别意，意就是意象，研究一下离别诗抒发感情所使用的常见意象；析离别艺，研究离别诗表情达意的艺术手法；赏离别语，欣赏离别诗语言的风格和特色。

师：好的，我们开始分享。

第一组代表：

我们小组经过阅读研究认为离别诗分为两种，一种是与亲人离别，另一种是与友人离别。例如王昌龄的《芙蓉楼送辛渐》就是送别友人，类似的还有王维的《送别》："但去莫复问，白云无尽时"。例如王维的《送元二使安西》，通过对雨后美好景物的描写，来反衬送别的依依不舍。

第二组代表：

我们组经过讨论，从以下四个方面分析。

第一是情之大小：有的诗歌抒发的是儿女私情，有的抒发的是死别悼亡，有的抒发的是家国天下，所以情有大小。但是无论情是宏大，还是微小，都没有高下。

第二是情之悲欢：有的表达的是一种豁达、乐观，有的是痛苦、悲戚。这与离别的人去的方向有关,例如岑参的《白雪歌送武判官归京》,因为武判官是从边疆到京城去,感情有依依不舍,但也有一种豪放;再如《芙蓉楼送辛渐》所写的离别之情是悲伤的。

第三是情之意蕴。人们通常说诗庄词媚,离别诗的感情比较庄重,离别词就比较妩媚,当然这与诗人的风格也有关系。

第四是情之格调。格调和诗人自身的语言风格有关,像温庭筠和苏轼的风格就不一样。

师:第一组的分享很好,但是我觉得对于《送元二使安西》的分析还不太到位。第二组吴倩同学梳理分析十分到位,小组的分工也科学合理,有讲解的,有板书的,这样眉目清晰,易于大家理解接受。虽然都是离别,但是因人因地而异,所以这个分类还是必要的。如铁马秋风塞北的豪壮之别,杏花春雨江南的婉约之别等,我们要学会分析。好的,下面请第三组品离别意,梳理离别诗中的常见意象。

第三组代表:

离别诗常常使用的意象有杨柳,因为折柳赠别嘛,"柳"和"留"谐音,因此很多诗词里面常常使用这个意象。像柳永的《雨霖铃·寒蝉凄切》"杨柳岸,晓风残月",就是通过写杨柳来表达离别之情。常常用来表达离别之情的意象还有明月,上面的句子里已经有了月亮的意象。

第四组代表:

离别的意象很多,可以分为动物、植物和其他的意象。例如流水,可以用流水来表达离别之情的缠绵、悠长。还有大雁,鱼雁传书,在李清照的词里就有用大雁表达离别之情的,如"雁字回时,月满西楼"等。

师:这两个小组分享得也很好,我觉得离别的意象还有很多,像长亭、古道、夕阳等。这两个小组的同学还可以深入挖掘,谈一谈为什么要用这个意象表示离别。例如杨柳,不仅是谐音的原因,还因为杨柳容易生长,这里面还寄予着祝愿亲人、朋友在异乡能快速适应,服水土,身康健,还表示思乡之情像杨柳一样在生长着。好的,我们进入下一个主题的分享:析离别艺,分析离别诗的艺术手法。

第五组代表:

艺术手法包括很多种,可以分为修辞、表现手法、景情关系等。在离别诗里有比喻的修辞,如李白的《送友人》,将友人比喻成风中的孤蓬;还有对比的修辞,如"沙上并禽池上暝,云破月来花弄影",用"并禽"来衬托自己的孤独。表现手法有衬托、以小见大等;写景方面,有动静、视听、虚实、时空等。景情关系方面,有以乐景衬哀情,以哀景衬哀情,以悲景衬乐情等,像《别董大》"千里黄云白日曛,北风吹雁雪纷纷。莫愁前路无知己,天下谁人不识君?"就是以悲景衬乐情。

师:第五组的分类不错,结合具体诗歌的分析给人深刻印象。第六组做了课件,但是忘了拷贝过来,那么以后再分享,下面我们请第七、八两个小组赏离别语。

第七组代表:

离别诗的语言有不同风格,有的清新婉约,有的朴实深情。像张若虚的《春江花月夜》写到思妇和游子的离别之情,语言清丽脱俗,例如这个题目就很好,五个字五幅画,如在眼前。

第八组代表:

离别诗的语言,有的用词很有表现力。如王维的《送元二使安西》,其中的"更"字用得很好,是恋恋不舍、依依惜别之意,老友与酒,让作者怎舍得离去? 古人评价:凡情真以不说破为佳。此诗"不说破",送别者的心绪都藏在"更"字下。

语言各有不同,或清新或豪放,表达的都是离别之情,不管是"劝君更尽一杯酒"还是"莫愁前路无知己"都包含着浓浓的情意。送别诗是中华文学的瑰宝,因为它蕴含着人与人之间深厚又美好的感情。文人墨客们还把抽象的情感文字化、具象化,语言辞藻各异,令读者产生的感受或许也不同,但它的情感内核却是相同的,那浓浓的情意透过纸笔,穿越千年来到你的面前。送别诗之所以感人,是因为与读者的共鸣,与灵魂的碰撞。诵离别诗,知离别语,会离别意,何其畅快!

师:刘雅齐同学以《春江花月夜》为例进行分析,非常好,这首诗里面所写的离别是一种经过提炼典型化的离别。钟斯琳同学准备得很充分,讲得也非常好,很有条理,也很有深度,这是她一贯的优点。

师:今天的课堂,信息量特别大,各组展示得也很好,这样的课堂我希望再多一些。

纲举目张　思路清晰

结构是思路的外化，思维不清晰，思路就混乱，结构也必然混乱，本节课主要是通过解决思维问题来解决结构问题。

师：刚才有一位同学找我聊作文，她说感到自己作文写得很混乱，思路不清晰，我想了解一下我们其他同学有无这种情况，想了解一下大家写作时的心理状态。

（不少同学举手或者点头，表示自己有这种情况。）

生：我写作的时候思绪就很混乱，不知道该怎么写。

生：开始时我写得还可以，也比较顺利，但是写到一半，就写不下去了，就随便写了。

师：这样就"下笔千言，离题万里"了。那么怎么解决文章，尤其是议论文写作时的思路混乱的问题呢？我们今天上作文课，题目是：纲举目张，思路清晰。那么什么是纲、什么是目呢？这两个词语的本义是什么呢？

（有学生小声说，纲是主线，目是小网眼。）

师：同学们有没有见过撒网捕鱼的情形？

（学生摇头）

教师边介绍边演示：这种渔网不是抓鱼的网，而是撒开的网，最上面有一个主绳，下面有很多细绳织成的可以展开为圆形的网，网的下端有一些小铁块，以便网下垂展开。撒网的时候，用手拿着主绳，另一手把网撒开，罩住一定的水面，渔网由于铁块的重力下降，把这块水域的鱼罩住，鱼急于逃跑就挂在那些网眼上了。例如，我把网撒开，这片水域被网覆盖，这条叫李子越的"鱼"，这条叫祝文雨的"鱼"都被我抓住了。所以纲和目的本义是：纲，提起渔网的总绳；目，渔网上的网眼。纲举目张，意思就是拉起渔网的主绳，网眼就张开了。

师：那么我们下面来读一篇范文，读的时候思考议论文中的纲和目是什么意思。这篇文章有没有做到纲举目张？以及是怎样做到纲举目张的？

（学生读高分作文《教书育人也应有新招》）

生：议论文中的"纲"是文章的中心论点，"目"是文章的分论点。

师：那么这篇文章有没有做到纲举目张？它是怎样做到纲举目张的呢？

生：做到了纲举目张。像中间的几段，它使用首先、其次、再次等标志性的词语，使文章思路和层次很清晰。

师：这位同学说得很好，但是这是属于纲举，还是属于目张呢？

生：这是属于目张。

师：既然中心论点是议论文的纲，那么我们看看文章是怎样安排这个纲的呢？题目是不是纲？第一段分析以后，有没有提出中心论点？文章在论述的过程中，是不是常常点一点中心论点？文章最后一段有没有回扣中心论点？

生：论点常放在文章开头、结尾、段落的开头等地方。

师：是的，古人说："立片言以居要，乃一篇之警策。""片言"就是中心论点，"要"就是文章的关键位置，如题目、开头、结尾等重要位置。那么我们把纲和目提取出来，归纳一下规律和方法，就形成了文章的结构。这篇文章的结构如下：

1. 一个响亮的标题；
2. 引述＋表态＋观点；
3. 分点分层阐述理由；
4. 进一步深入阐述（虚拟观点，进行批驳）；
5. 联系实际，快速收尾。

这个结构也是一种模式，可以按照这个模式去安排其他的议论文的写作。

师：请各位思考思维、结构和模式的关系怎样？

生：结构是思维的表现。

师：是的，结构是思维的外化和体现，模式是提炼了的典型化的结构。大家一起来读一下学案中的第一段。

生：文章的结构，实质上是一个如何认识和反映客观事物的问题，是客观事物的内部联系。因此，结构是作者思路的再现，它体现了作者由认识事物、掌握其规律性，一直到构思成文的全过程。一篇文章结构的严谨，是和作者思维的严密性、认识事物的深刻性分不开的。

师：所以要解决文章结构安排的问题，就必须从根本上解决思维的问题，掌握思维的规律。好的，我们来看第二篇文章《见义勇为延续中华文化的长江》。

(学生读完全文)

师:看看这篇文章有没有做到纲举目张？又是怎样做到纲举目张的？大家交换一下意见。

生:这篇文章也做到了纲举目张，它和第一篇不一样，它是通过层层设问做到纲举目张的。文章的题目就是中心论点，开始引述材料，稍作分析提出中心论点，接着询问"为什么会产生值不值的问题"，讲的是问题产生的社会背景，接着从解决问题上设问:怎么办？怎样延续文化的长江？怎样接续精神的断流？作者大力提倡见义勇为。

(黄子桐质疑,认为这篇文章有点"装"的感觉)

师:这种结构可以称为"缘事设问,层层推进"的结构模式。针对材料里面的事情，从是什么、为什么、怎么办三个角度发问，分别问的是本质、原因和方法。

师:结构安排的训练其本质就是思维的训练,请各位同学一定注意在生活中多思考,提升思维能力,根本问题解决了,那么外在问题就迎刃而解了。

师:好的,下面我们探讨一下刚才子桐同学提出的问题。

生(黄子桐):我觉得这篇文章有点看不懂，例如那一句"从经济的角度称量生命，从实用的角度看待行动"，很多段落也比较短小，好像在凑字数。

生(祝文雨):我觉得这篇文章,从头到尾就是在讲一个意思,那就是"不要谈论什么值不值的问题,要大力提倡见义勇为",本来是一句话的事,作者利用自己深厚的积淀,"这样说,那样扯,扯成了一篇文章"。

(其他学生反对说:"那是因为人家文章做到了纲举目张啊!")

生(吴倩):我认为这篇文章写得好,写得有文化。第一篇文章那个模式谁都能学,而这篇文章不是谁都能学的,没有深厚的人文积淀,达不到这种高度。我很喜欢这篇文章。

教师总结:三位同学都说得很好,有质疑,有生发,但是我觉得吴倩同学说得更好,她的理解和鉴赏能力更高一层,看到了这篇文章的特点。它在语言上故意超常搭配,目的就是使语言更有张力。以后讲议论文的语言的时候,我们还会继续讨论这样的文章。

案情调查　谁是凶手

师：各位同学，今天我们这节课进行一个案件的分析，现在我们先看看现场直击。

1924年12月25日在鲁镇东头一雪堆旁边发现一无名女尸，死亡时间可能是24日晚间或25日早晨，死亡原因不明。此女性年龄目测在五十岁左右，后经知情人说年龄为四十上下。死者头发全白，脸色青中带黑，身旁有一篮子，内有一个破碗，空的；近旁还有一支比她的身材还高的竹竿，下端开了裂。死者姓名不详，据说叫祥林嫂。

那么我们同学来做一回大侦探，帮助警方追凶。一会儿同学进行案件分析的时候，要用这样的表述方式，我是大侦探福尔摩斯（或柯南、狄仁杰等），我对案情的分析是这样的……

我们的案情分析分为两步：首先对死者的经历和遭遇进行分析，第二步对嫌疑人进行分析，经过初步侦查，以下人物有杀人嫌疑：鲁四老爷，婆婆和大伯，柳妈和鲁镇上的人，文中的"我"。

同学们讨论五分钟，然后请五位大侦探分析案情。

生（陈芍帆）：我是大侦探陈芍帆，我来分析一下案情。先看死者的经历，死者在第一任丈夫死了以后逃出来到鲁四老爷家帮工，后来被婆婆绑架走，强迫嫁到山中，她极力反抗，可以看出她有争取婚姻自由的思想；后来，第二任丈夫死了，儿子也被狼吃了，大伯来收房，她就又来到鲁四老爷家帮工，但是鲁四老爷认为她结了两次婚，是不干净的人，不让她在祝福时摆祭器，使她精神受到严重的伤害，后来她沦为乞丐，死在风雪之中。我认为鲁四老爷的嫌疑最大。

生（李子越）：各位，我们现在进行案情分析，先来看看现场。从现场来看，死者脖子上没有勒痕，身上也没有伤口，经过解剖尸体，未发现胃部有食物，所以可以排除他杀；在胃部也没有发现毒药，所以自杀的可能性也被排除；另外祥林嫂的两任丈夫都死了，也没有情杀的可能，她是专业乞丐，也没有钱财，所以也排除财杀。据我推测，祥林嫂是死于饥寒交迫。

生(吴倩)：各位，我是大侦探吴倩，我认为祥林嫂的死是综合因素造成的。她的婆婆绑架过她，她的大伯赶走她，收了房子，根据这些人的行为，我们可以认为这两个人有很大嫌疑。另外，鲁四、柳妈的行为促使她精神受到打击，产生精神分裂。还有就是鲁镇的人十分冷漠，还嘲笑她，这是一种冷暴力，也对死者造成很大的伤害。所以，我认为死者是他杀，是大家一起把她给杀了。

（吴倩的说法和著名作家丁玲的看法很相似，丁玲认为祥林嫂一定会死，因为讨厌她的人、同情她的人都把她推向死亡之地。）

生(何懿)：我是大侦探，名字不用说了。分析死因无非两种：物理外力造成死亡，内在伤害造成死亡。没有外伤，可能是内在伤害。祥林嫂嫁给贺老六，还给他生了孩子，本来可以过幸福的日子，但是很不幸丈夫死了，孩子被狼吃了，她最后的希望破灭了，所以精神受到很大打击，她给鲁镇的人讲阿毛被吃的情形时精神就已经失常，所以她死于精神失常，而狼是杀害她的凶手。

（下面的同学鼓掌）

生(黄子桐)：我是大侦探，我们先来分析一下人物间的关系，婆婆绑架她，卖了她，她嫁给了贺老六，生了儿子，儿子被狼吃，又被大伯赶出来，又来到鲁四老爷家帮佣，柳妈用封建迷信那一套恐吓她，鲁四老爷讨厌她，不让她摆祭器，鲁镇的人对她十分冷漠。结合这些人物关系，我赞成吴倩的观点。

师：大家积极主动地参与案情分析，很好，芍帆说祥林嫂争取婚姻自由好像有点不合适；子越同学采用十分专业的术语，对于案情分析得十分到位；吴倩的分析比较细心和缜密；何懿的言论让人惊讶，分析还是比较到位，值得肯定；黄子桐从人物关系方面进行分析，结合图示，理解更清晰。

师：不过我们的分析还不到位，有许多地方没有分析到。请问作为目击人的"我"有没有留下死者的照片呢？

生：没有。

师：没有吗？那么第59页、62页、65页的肖像描写是什么呢？我们可以把这三处的肖像描写看成是对死者照片的分析。

我们大家一起来看作者对祥林嫂的三次肖像描写。第一次写她的肖像：祥林嫂的脸色是青黄的，说明她营养不良；两颊还有血色，顺着眼；穿着朴素。这时她的精神还可以，虽然她死了丈夫，但是还有活力和希望。

第二次写她的肖像，原文是这样描述的：她的脸色依然青黄，两颊没有血色,顺着眼但是有泪痕,说明她经过失夫、失子的痛苦,精神已经崩溃了。

第三次写她的肖像,她的外貌有了巨大的变化:临死前,她脸色黄中带黑,眼睛偶尔转一下,竹篮、破碗、下端开了裂的竹竿等说明她已经麻木了,成了行尸走肉。鲁迅先生善于写人物的眼睛,到了形神兼备的地步。

根据以上分析,我认为死者之死是综合性的原因造成的,是封建时代的政权、神权、夫权、族权害了祥林嫂,我们下一次课再进一步总结。下课!

摧毁拯救　精彩辩论

师:对于祥林嫂的案情分析已经结束,今天我们总结一下这个案子。

师:祥林嫂是旧中国勤劳、善良、朴实的农村劳动妇女,她对生活要求并不高,停留在生存层次。在旧社会她不能掌握自己的命运,成了一个被践踏、迫害、愚弄、鄙视的小人物,最终被旧社会所吞噬。

师:她的一生可以分为两个时期:想做奴隶而不得的时代和暂时坐稳了奴隶的时代。她的死是群谋,很多人都脱不了干系。

师:首先是鲁四老爷,他是一个顽固、保守、固守封建制度和封建礼教的没落的老乡绅。他自私伪善,冷酷无情,他授意阻止祥林嫂参加祭祀劳动,导致了祥林嫂精神的崩溃。他是封建社会的卫道士。

师:那么什么是封建社会的卫道士呢?我们不妨咬文嚼字,拆开组合,来理解它的意思。

生:卫,是保卫、守卫、坚守、执行;道,是封建的制度、观念、约束、限制;士,士人,读书人。

师:他是一个固守封建礼教的人,他认为做了"回头人"的祥林嫂是不干净的,所以不能摆放祝福时的器具和供品,因为不干不净,祖宗是不会吃的。宋明理学的"存天理,灭人欲"的理念他是认可的,即使祥林嫂是被迫改嫁也不行。他是杀害祥林嫂的一个主要凶手。

师:祥林嫂的婆婆有什么权力绑架祥林嫂并把她卖到山沟里呢?祥林嫂的大伯有什么权力来收房呢?是谁给了他们这样的权力呢?就是我们上节课说的什么?

生：是夫权和族权。

师：所以祥林嫂的婆婆和大伯也是凶手，他们是封建家长的代表。至于柳妈和鲁镇的那些人对于祥林嫂的死也有责任，柳妈和祥林嫂一样是下层的帮佣者，她同情祥林嫂，给祥林嫂出了捐门槛的赎罪方式，但是这反而将祥林嫂推向绝境。

师：鲁镇的那些人不是真正同情她，而是来"鉴赏"祥林嫂的故事，从而满足他们猎奇的心理，在他们的身上体现了国民的劣根性。这种国民的劣根性在鲁迅的很多作品中都有体现，如《药》《藤野先生》等。这些人是当时社会的缩影。

师：祥林嫂对于自身的死亡是否应该负一定责任呢？我们先来讨论一个问题：祥林嫂有没有反抗？

（祝文雨和吴倩举手）

生（祝文雨）：祥林嫂有反抗，她被婆婆逼迫改嫁，反抗得很厉害，一路上闹吵，连卫老婆子也觉得太出格了，闹得拜堂也拜不了，还把头撞了一个大窟窿，所以祥林嫂在反抗封建的压迫、封建的礼教。

生（吴倩）：我觉得祥林嫂不是在反抗封建礼教，她反抗正表明她是在维护封建礼教。她不愿意再嫁，说明她也认可封建礼教那一套，鲁镇上的人认为她不干净，她也捐了门槛，说明她承认自己是不干净的。

师：祝文雨同学谈了自己的看法，很好，但是我认为吴倩同学说得更到位，我们来看看祥林嫂反抗的表现：她逃出来到鲁镇帮佣，是反抗；她被迫改嫁，极力反对，是反抗；她捐门槛，是反抗；她询问魂灵的有无，是反抗。越是反抗，说明她被封建礼教、迷信约束得越厉害，说明她受的毒害越深。所以，祥林嫂对于自己的死亡也应该有一些责任。那么文中的"我"有责任吗？

生：有一点点责任。

师：文中的"我"并不是鲁迅本人，"我"有一定的虚构成分，小说是以"我"的口吻来叙述祥林嫂的故事，所以"我"是小说的线索人物。"我"讨厌鲁四，说明"我"有进步性，但是关于魂灵的问题"我"的模糊的回答无疑给祥林嫂带来巨大的恐怖，其实就是增加了末路人的痛苦。"我"是一个具有进步性的但是不彻底的资产阶级知识分子的形象。

总而言之，祥林嫂的死是封建的政权、神权、夫权、族权导致的，这篇小说的主旨是反封建的。

二、灵动语文之行

有一首顺口溜说:东风吹拂阳光明媚,生产队里召开妇女大会。要说妇女没有地位,那是万恶的旧社会。祥林嫂的故事早已经是过去的事,那我们现在学习它还有意义吗?

生:有意义。老师说过,文学作品有认知价值、审美价值和教育价值。

生(郭熙):学习这篇小说有现实意义,现在一些地区一些人还是有封建意识的,例如重男轻女。

生(刘雅齐):例如有些女性受到性侵,有的人认为这是女性的责任:"谁让你长那么漂亮,谁让你穿那么暴露",女性穿那么漂亮关那些人什么事,这是典型的封建意识。

师:雅齐比较激动,也举了一个很好的例子。所以我们学习这篇小说是有现实意义的。

师:好了,关于祥林嫂案情的分析就到这里,下面我们使用辩论的方式来分析一下玛蒂尔德这个形象。

正方观点:项链事件摧毁了玛蒂尔德。

反方观点:项链事件拯救了玛蒂尔德。

(在分了正反两方之后,学生进行了五分钟的讨论,课堂气氛十分活跃,温嘉颖、何懿、吴倩等同学很早就举手了。)

师:我们先请正方来陈述本方观点。

生(何懿):我方认为项链事件摧毁了玛蒂尔德,主要表现在以下四个方面:第一,因为一挂假项链玛蒂尔德付出了十年的艰辛,她再也不可能有这样的梦想了,所以项链事件摧毁了她的梦想;第二,她为了买项链付出四万法郎,使这个类似中产阶级家庭的生活质量下降,所以项链事件摧毁了她的生活;第三,她为了还债付出十年光景,摧毁了她的青春;第四,因为这件事她可能一蹶不振,影响她以后的生活,甚至可以说摧毁了她的人生。谢谢!

师:下面请反方来陈述本方的观点。

生(温嘉颖):我方认为项链事件拯救了玛蒂尔德。玛蒂尔德爱慕虚荣,为此她付出了沉重的代价,十年艰辛让她从爱慕虚荣的心态中走出来,找到了自己的本心,项链事件提升了她的认知。(五班田培儒说艰辛还债的过程促进了玛蒂尔德心灵的成长,她为自己能完成这样一件几乎不能完成的任务而自豪,她也觉得十分充实。)

生(刘雅齐):我想请对方辩友回答两个问题:第一,爱慕虚荣是否给玛蒂

115

尔德带来了进取力？第二，造成玛蒂尔德爱慕虚荣的原因是什么？对方辩友没有注意到当时的阶级固化，就像《红与黑》里面的于连一样，他想靠长相、靠才华、靠计谋获得成功和地位，但是他失败了。玛蒂尔德也想获得承认，实现个人的价值，但是也是不能成功的，项链事件摧毁了她的梦想，摧毁了她的愿望。

（五班秦朗认为这里不存在什么摧毁和拯救的问题，项链事件是一个偶然事件，内因是女主人公有爱慕虚荣的性格，其他的事件也有可能导致这样的结果。）

生（吴倩）：我认为对方辩友根本没有弄懂爱慕虚荣的含义，爱慕虚荣是不切实际的目标和想法，你看女主人公有那么多不切实际的幻想。我认为项链事件拯救了玛蒂尔德，她的容颜变得不美了，但是她的生活变得充实了，心态也更加从容了；项链事件还拯救了她和丈夫的爱情，在共同的努力和奋斗中他们的感情更加深厚，如果不是这样，她的丈夫可能早就抛弃了她。所以这件事拯救了她，使她的人生成长。

生（钟斯琳）：我认为项链事件摧毁了玛蒂尔德，大家想想就像我们在很年轻的时候，要承担一百万的债务，我是绝对承担不了的。像我这样一个青春美丽的女子，若因为债务而付出十年艰辛，变成一个手脚粗大的妇女，我绝对是接受不了的，所以我认为项链事件摧毁了她。

生（祝文雨）：那么我可以说对方辩友就是一个爱慕虚荣的人。玛蒂尔德外表的美丽可能失去了，但是她内在优秀的品质却培养起来了。

生（吴倩）：如果像对方辩友这样，那么玛蒂尔德的丈夫肯定把她抛弃了。

（五班刘宜萱认为，玛蒂尔德外表美丽，想过上流的生活，住在大房子里，有男仆伺候自己，这样的生活不是靠努力和拼搏，而是靠幻想和嫁个好男人，这是典型的爱慕虚荣。）

师：大家积极发言，讲得都很好，我认为刘雅齐和吴倩讲得非常好，斯琳结合自身的体验也说出了自己的感受和看法，但是理论的基础不正确。看到大家还想发言，但是时间有限，我们做个总结。

师：在我们的生活中有欠人钱财的情况，有些人怎么处理呢？有的跑路，有的赖账，有的欺骗。玛蒂尔德面对这样的情况依然承担起责任，履行对朋友的承诺，这是值得称赞的。所以作者对于玛蒂尔德的爱慕虚荣进行了辛辣的讽刺，但是对于她勇敢、担当、不怕吃苦还债，自尊自强、诚信的品质还是赞扬的。

可以说项链事件摧毁了玛蒂尔德外在的美丽,但是却塑造了她的内在品质。

辩论没有结束,课下我们可以继续探讨,下课!

打通单元　整体设计

师:上周,我们到劳动技校学农,"劳其筋骨";这周,我们回到课堂,继续学习小说。

师:情节是人物成长的有联系的一系列事件,常常由开端、发展、高潮、结局四个部分构成,有的时候有序幕和尾声。

师:根据时间顺序和情节安排的特点,叙述的方式有哪些?

生:顺叙、倒叙和插叙。

师:《祝福》一课将事件的结果放在最前面,然后追忆祥林嫂的故事,这种倒叙的写法有什么作用呢?

(小田田同学在下面小声说:"这是本末倒置。")

师:小田田说了什么呢? 我们请他来回答。

生(田培儒):我没有说什么,我说这样安排可以引起读者阅读的兴趣。

师:还不错,刚才你说的是本末倒置,幸好你这个回答还可以。大家看,对待祥林嫂的死亡,鲁四老爷是什么态度? 那个长工又是什么态度?

生(余睿捷):鲁四老爷骂,长工很冷淡。

师:所以,这样倒叙还有什么作用?

生:突出了人物之间的矛盾,对于表现祥林嫂的悲剧有很大好处。

师:我们记一下思考的角度,第一是艺术效果,第二是人物关系,第三是主旨表达。这样倒叙,设下悬念,埋下伏笔,引起大家阅读的兴趣,突出人物间的矛盾,强化了反封建的主旨。

师:好,下面我们来看一看《项链》的情节安排。我们说"项链"是全文的线索,大家扣住线索来概括一下小说的情节。

生:借项链、丢项链、赔项链、假项链。

师:大家看一看,前三个短语都是什么短语? 最后一个又是什么短语? 这样概括合适吗?

生(李颖欣):前面三个是动宾短语,最后一个是偏正短语,我觉得不合适,最后一个可以改成"知项链"。

师:很好,那么这篇小说的情节就是:借项链—丢项链—赔项链—识项链。其中,丢项链和识项链让人觉得很意外,这个可以概括成"意料之外",但是却是——

生:情理之中。

师:是的,就是说作者在情节的安排和设计上很巧妙,有充分的铺垫和伏笔。那我们就找一找,有哪些铺垫和伏笔?大家先分组讨论一下。

生(谭嘉伟):我找的是关于假项链的铺垫,她的朋友毫不犹豫地将项链借给了玛蒂尔德。

师:是的,还项链的时候弗雷斯蒂埃夫人虽然有埋怨,但是也没有打开盒子看,如果是非常珍贵的,一定会检查一遍的。

生(肖尧):玛蒂尔德对美好生活有着强烈的渴望和向往,所以她接到请柬,购置了衣服,肯定还要借项链,小说一开始有对这个情节的铺垫。另外那挂项链是假的,从商店老板的话也可以看出来:盒子是在这里配的,但是项链不是在这里购买的。在舞会上,她的丈夫给她带了普通的衣服,她不愿意穿,还跑了出去,奔跑之中也很容易丢失东西。

生(昌子妍):在整个舞会上,玛蒂尔德都处于一种很兴奋、狂热的状态,这种状态下也很容易丢失东西。

师:很好,大家找得都很好。从大家的分析,可以看出小说情节设计得巧妙,情节有张有弛,波澜起伏,扣人心弦。我们可以称之为张弛艺术,引用一句话来说就是"文似看山不喜平"。那么最后的突然终止有什么作用呢?

生(李颖欣):这是什么手法呢?

师:这是什么手法?世界三大短篇小说巨匠有哪些?

生:莫泊桑、欧·亨利、契诃夫。

师:谁的小说经常在最后突然转折呢?

生:欧·亨利的小说。

师:那么《项链》最后的突转,有什么作用呢?我看到刘云畅用微笑暗示要回答问题。

生(刘云畅):这样突转,给人留下想象的空间,耐人寻味,另外也讽刺了玛蒂尔德的爱慕虚荣。

师:很好。我们知道这个结局是情节的一部分,而情节是人物成长的过程,那么这个设计和人物应该有关系的。我们来找一下思考的角度。

生:艺术效果、人物刻画、主旨表达、情节曲折、作者感情。

师:这个结局突然终止,异峰突起,给人留下深刻的印象和广阔的思考空间,使得结局多元化;也很好地表现了人物性格,讽刺了玛蒂尔德爱慕虚荣的心理,突出了主旨,表达了作者的感情,使情节掀起巨大波澜。

师:关于《荷花淀》我们一带而过,该篇写了送夫抗敌、寻夫遇敌、助夫杀敌三个内容,使用顺叙的叙事方法,塑造了英雄的群像。

师:我们来看一下《春之声》的情节,看看这篇小说和前面三篇有什么不同?

生(郭曼妮):不喜欢。

生(梁可愉):看不懂。

其他同学:写得很乱,写得很散。

师:大家都说出了自己的阅读感受。那么本篇的情节安排是怎样的呢?讨论一下。

生(高堃):这篇小说和前面三篇不一样,没有明确的开端、发展等。

师:大家说一说《春之声》的开端、发展、高潮、结局是什么?

生:上车,坐车,继续坐车,下车。

师:是的,这是外在的一个大致的情节,但是最主要的是内在的东西,那是什么呢?

生:心理。

师:是的,心理。我们来看看一、二两段,这两段其实是男主人公的自由联想。由车的摇晃,想到摇篮和童年,想到童年游泳"扎猛子",口里喝了水,水里有小蝌蚪,想起故乡。

由响声、噪声想到打铁,想到泉水叮咚,想到风铃唱咏叹调,想到美国音乐等。这些声音都是春天的声音,象征着转机和希望。这就是主旨,大家应该听懂了吧?

有的同学说这种小说不真实,其实是真实的,这是一个内在的真实,这种小说叫作什么小说?

生:意识流小说。

（很多同学激动起来）

师：单文彦很兴奋，我们请她来谈一谈。

生（单文彦）：老师，我们刚才讨论的时候，提到刚刚上映的电影《1号玩家》，其玩家要从游戏设计者的意识流动中找答案。

师：单文彦的联想非常好，我们的意识一直在流动，就像提到某人，我们可能就会想到很多。我们要了解一下这种小说。

生（田培儒）：考试时，我写这种意识流文章怎样？

师：最好不要，要根据作文要求行文。

师：课下作业，大家不妨试着续写一下《项链》。下课！

整体阅读　对比探究

师：你们有没有这样的阅读经历：被一本书深深吸引，为了阅读这本书，通宵达旦，夜不能寐？有这种经历的同学请举手。

（有十多个同学举手）

师：那么下面我们请两个同学来分享一下自己阅读的内容和感受。先请阮琪楷同学来分享。（周围的男生都鼓掌）

生（阮琪楷）：打着手电阅读很累眼睛，有时候我用手机阅读。我读的很多都是网络文学，我记得读《雪中悍刀行》的情形，这是武侠小说。我在读的时候，发现黄老师也在读，觉得很有意思。

师：好的，下面我们请余睿捷同学分享自己的阅读经历。

生（余睿捷）：还要我回答，为什么还有我呢？

（教师微笑，看着她，不说话，用眼神鼓励。）

生（余睿捷）：好吧，我读的很多也是网络文学，如言情、武打等，我也曾为了阅读而通宵达旦。

师：这两位同学都说出了自己的心里话。我们阅读的网络文学中有没有盗墓的内容呢？（不少同学回答有）其实这样的网络文学之所以那么吸引你，是因为它的故事情节很曲折，扣人心弦。像四大名著，我们开始更喜欢读《西游记》《三国演义》，因为它们的情节曲折。

我也被小说吸引过，通宵达旦地阅读。例如，最近我在读刘慈欣的《三体》等。

朱光潜先生在《谈读诗与趣味的培养》中说:"第一流的小说家不尽是会讲故事的人,第一流小说中的故事大半只像枯树搭成的花架,用处只在撑持住一园锦绣灿烂生气蓬勃的葛藤花卉。"所以我们读小说,不仅要欣赏它的故事情节,还要能够欣赏它的情感与主旨。

我们平时阅读小说的状态和上课时学习小说的状态不一样,所以这次我们以一个单元为整体来学习,我们要囫囵吞枣地读,"连滚带爬"地读。昨天布置大家阅读了,今天看大家读得怎么样?

今天,我们要研究的是四篇小说:鲁迅的《祝福》、莫泊桑的《项链》、孙犁的《荷花淀》和王蒙的《春之声》。

我们讨论以下三个问题:

1. 四篇小说的题目分别是什么含义、有什么作用?
2. 情节是什么?由哪些部分构成?
3. 请梳理四篇小说的情节。

(学生讨论,教师巡视,并参与到小组的讨论中。)

生(林诗曦):祝福是过春节时的一种仪式,项链就是小说的一条线索,荷花淀是长满荷花的水塘,《春之声》文中有小约翰·施特劳斯的《春之声圆舞曲》。

师:我们请高堃同学来谈一谈他对文章题目的理解。可以全部说,也可以选择一两个谈谈。

生(高堃):我说一说"春之声",它有两层意思:表层是春节、春天的声音,主人公是在春节时回家;深层意思是整个国家的春天,这篇小说可能写于"文革"之后,整个国家都进入了新的时期。

师:高堃说得非常好。(老师看到田培儒在微笑,就问田培儒有什么意见,让田培儒来补充。)

生(田培儒):我觉得高堃说得非常好,我认为"祝福"这个题目交代了背景,和小说的主旨有关联;"项链"是文章的线索,"荷花淀"点明了环境。

师:培儒同学的回答也很好。祝福,是祭祀神灵、祈求赐福的意思,交代了背景和环境。项链,是一种用贵重的材料做的装饰品,是为了满足主人公玛蒂尔德的虚荣心的工具。"荷花淀"中,淀是水塘,长满荷花的水塘谁去过?有没有同学去过?(没人出声)

师：我们课文中的人物去过。

生：李清照去过，"沉醉不知归路……争渡，争渡，惊起一滩鸥鹭"。

生：采莲女去过，"莲动下渔舟""采莲南塘秋，莲花过人头"。

师：是的，这是一个美好的地方，荷花淀交代了地方和环境，它是那些妇女助夫杀敌的地方，是人物活动的典型环境。（林诗曦举手）

生（林诗曦）：老师，我想补充一下，"春之声"是因为文中有小约翰·施特劳斯的《春之声圆舞曲》才这样命名的，而这个圆舞曲是三个节拍，第一个节拍重，后两个节拍轻，是充满生机和活力的，是充满希望的。

师：林诗曦说得非常好，特别好！你能否演示一下这个圆舞曲的三拍呢？（林诗曦演示，大家也拍桌子体会）同学们，我觉得《春之声》的主人公岳之峰的命名也特别有意思，"之"，就像山上的盘山路，而"峰"是山峰，那么这个名字中就有峰回路转、柳暗花明的意思。

那么小说的题目有什么作用呢？我们想一想角度吧，角度比答案更重要，我们先确立角度。

生：有内容和结构，还有感情、线索、主旨等。

教师明确：1. 象征、比喻，含义深刻；2. 文章线索，贯穿全文；3. 交代人物，突出性格；4. 揭示内涵，深化主旨；5. 交代环境，营造氛围；6. 设置悬念，吸引读者；7. 概括内容，提示情节。

生（田培儒）：吸引读者，可以概括成"吸读""设悬吸读"。

师：下面分组梳理一下各篇小说的情节。

生（肖尧）：我认为《祝福》的高潮是祥林嫂第二次到鲁镇，四婶不让她拿祭器；《项链》的高潮是丢项链情节；《荷花淀》的高潮是助夫杀敌情节；《春之声》的不好说。

师：肖尧说得很不错，《项链》的高潮和结局应该在一起，这样更能突出中心和人物。它的情节应该是：借项链、丢项链、还项链、识项链。

师：《祝福》采取的是倒叙的手法，这样突出矛盾、揭示中心、吸引读者。

蜀道之难　难比登天

这是古代的一条由秦入蜀的险峻道路,它在崇山峻岭之中蜿蜒了四五百里地,穿越原始森林,悬挂在峭壁巉岩,匍匐在岩洞深沟。诸葛亮六出祁山,姜伯约九伐中原;钟士季兵发剑阁,邓士载偷渡阴平等的历史传奇当年就是在这附近上演的。

李白凭着这样的一篇出人意表的诗作,折服了四明狂客(贺知章),使他解金龟换酒,和太白痛饮。李白凭着惊风雨和泣鬼神的才华,将《蜀道难》铭刻在唐诗的历史上,闪烁着耀眼光芒。

诗歌中反复吟唱着"蜀道之难,难于上青天",以通俗但又令人惊骇的对比和夸张的手法开头,在惊讶的呼告中,将一块炽热的情感陨石砸在你的面前,使读者心惊魂骇,定下感情基调。中间的点题句和"容颜的凋零"相结合,我们从中能感到行者战栗的两股和动荡的心神;最后以漫长的嗟叹结尾,也是深长的无奈。

师:李白对于蜀道难的描写是多层次和立体的,那么他从哪些方面写蜀道之难呢? 或者说,蜀道之难表现在哪些方面?

生(董捷):我从每一段看出的都是险。

生(钟汶君):我从每一段看出的都是高。

师:其实每一段都是有中心句的,那些句子就告诉了我们写作的侧重点。第一段是"危乎高哉",第二段是"其险也如此",第三段是"杀人如麻",所以三段的侧重点分别为:高险、惊险和凶险,分别用一个字概括就是:高、险、危。

师:接下来用三个问题撑起整首诗的分析鉴赏。

1. 全诗是按照什么顺序写作的?
2. 诗歌是怎样写蜀道的高险、惊险和凶险的?
3. 作者写作《蜀道难》的目的是什么?

两个小组经过讨论后,依然表示看不出什么顺序。在此基础上,教师引导:你们在写作的时候使用过哪些顺序? 学生回答:时间顺序、空间顺序、逻辑顺序。

师：时间顺序，是由古及今，从蚕丛、鱼凫开国，到五丁开山，到蜀道开通，到今天朋友西游蜀地。空间顺序，是由秦入蜀。西游、西当、西望，还有太白、青泥、剑阁、锦城等都表明这里的空间顺序。李白心中有一部蜀道的历史，也有一幅蜀道的地形图。李白的思绪纵横古今，飞渡秦川蜀地，用饱蘸浓墨的如椽大笔泼墨，写就这样的佳作。

师：如果仅有这些，那诗人还不是李白。在时空交织的空间里，有他深刻的沉思。山川险阻，可以阻隔中央政权的脚步；山环水绕，可以盛下枭雄膨胀的野心。防止割裂就要时刻警惕，杜绝阴谋就要审视益州历史。这正是一个想在政治上有所作为的人要对高踞皇位的统治者言说的。

师：诗歌是浪漫主义的，其主要的艺术手法是夸张和想象。睿捷同学找出夸张的例子：猿猱欲度愁攀援。说猿猱也为攀缘发愁，有点过度，是夸张。（教师顺势引导）夸张就是为了表达的需要，对于事物的性质或者形状进行夸大、夸小或者超前的形容。（接着师生一起寻找诗歌里面的夸张类型，"可以横绝峨眉巅"是夸大，"连峰去天不盈尺"是夸小，"朝避猛虎，夕避长蛇；磨牙吮血，杀人如麻"有着超越时代的眼光。）

池金炜和田培儒同学能够找到想象的例子——"雄飞雌从绕林间"，但是当老师追问为何是想象时他们卡壳了；吴炜同学也能找到例子——"扪参历井仰胁息，以手抚膺坐长叹"，但是也说不出为什么是想象。有的同学说"五丁开山"和"六龙回日"是想象，但是依然说不出想象的特点。刘宜萱同学举手回答：太阳神羲和驾着六龙拉着的车，这是联想；遇到蜀道的高山调转车头，这是想象。教师评价：这是对于想象有了深刻的理解后作出的准确分析。教师归纳：想象是在原有基础上创造出新的形象的艺术手法。

然后教师引导学生以小组为单位，补充其他的艺术手法：直抒胸臆、衬托（正衬、反衬）、引用神话传说、神态描写、正侧结合、视听结合、虚实结合、对比、议论、抒情、视角变化。可以说李白是高超的摄影大师、顶尖的电影导演，他将蜀道之难，表现得淋漓尽致、摇曳多姿。

师：我们最后讨论《蜀道难》的主旨。

生（王心然）：我们小组经过讨论，认为诗歌的主旨有以下四个方面。第一，用险峻的蜀道比喻自己的仕途，感慨仕途的艰难；第二，用蜀道比喻自己的理想；第三，诗歌最后一段写蜀道的凶险，表现他关心政治，忧国忧民；第四，李白思念家乡，想回家过自由自在的生活。

生(张德文):这是送别友人的一首诗,表现了诗人对于友人的关心,诗人希望友人早日归来。

(教师顺势补充,文章一、二段都有以行人身份描写蜀道的句子,有"问君西游何时还""嗟尔远道之人胡为乎来哉"等句子,所以"送别友人"也是一种主旨说法。)

生:《蜀道难》一诗并没有多少深意,李白想写一写蜀道之难,这说明他热爱大好河山,他赞扬人们开辟蜀道的伟大成就。

师:艺术的魅力在于它的多层次性和结果的不确定性,分析诗歌也使我们获得了探索的快乐。多歧为贵,不取苟同。

师:最后大家一起诵读全诗,再次体会其浪漫主义的风格。

琵琶一曲　司马青衫

白居易在唐朝的诗坛上顽强地吟唱着"野火烧不尽,春风吹又生",他是在赞扬野草顽强的生命力,更是用这古原上的野草吟咏朋友间的真挚友情。这剪不断、理还乱的野草不就像思念的情思吗?它顽强的生命力不就是思念的执着吗?它生长的态势不就和思念一样吗?所以他接着吟唱:远芳侵古道,晴翠接荒城。又送王孙去,萋萋满别情。

"童子解吟长恨曲,胡儿能唱琵琶篇。"白居易最为著名的还是《长恨歌》和《琵琶行》,白居易创作的《长恨歌》还成了电影讲述故事的线索。

诗前有一个小序,此小序非可有可无。它交代了故事发生的时间、地点、人物、事件,概括了琵琶女的身世,奠定了诗歌的感情基调,其中"迁谪意"三字是全诗的关键,乃主旨所在。

全诗三次写到琵琶女演奏琵琶。一弹琵琶,主客忘归;二弹琵琶,同叹飘零;三弹琵琶,泪湿青衫。第一次是暗写、略写,第二次是明写、详写,第三次是明写、略写。这样详略得当,明暗交织,构思精巧。另外本诗还有明暗两条线,明线是琵琶女的经历遭际,暗线是诗人的经历遭际,明暗结合,在三次琵琶演奏处交织,有很好的艺术效果。

本诗最重要的是音乐描写和诗歌意旨。可以用两个问题来探究:

1. 本诗音乐描写十分精彩,作者使用了哪些表现的方法?

2."同是天涯沦落人，相逢何必曾相识"，诗人为什么会同一个素昧平生的琵琶女产生强烈的共鸣呢？

生（吴倩）：描写音乐，使用了多种修辞手法，像比喻、通感、对比；还使用了叠音词等。写得淋漓尽致，摇曳生姿。

师：我们先不评价，看看还有哪位同学来发表一下看法。

生（黄子桐）：使用比喻的手法，写出了音乐的不同特点。"大弦嘈嘈如急雨"，写出音乐的粗重；"小弦切切如私语"，写出音乐表现出的细密轻柔和甜蜜；"大珠小珠落玉盘"，写出音乐的圆润清脆；"铁骑突出刀枪鸣"，写出了音乐的激越。

生（李子越）：描写音乐时，那些动词的使用也很准确，如"轻拢慢捻抹复挑""曲终收拨当心画"等，就把演奏的动作表现得比较到位。

师：讲得都非常好，但是仅仅有这些艺术手法还不足以充分表现出音乐的魅力，还要有什么呢？

生（李菲儿）：还要有感情。一开始"未成曲调先有情"，到"说尽心中无限事""别有幽愁暗恨生"，都写到感情。

师：是的，为什么此时无声胜有声呢？就是因为这无声之时有感情的流动，给人留下想象的空间。白居易做到了声情并茂，以声传情，以情显声。诗歌最后"东船西舫悄无言，唯见江心秋月白"既表现了音乐的魅力，也表现了人们沉浸在声情并茂的琵琶曲的艺术境界中的陶醉。

师：那么我们来讨论第二个问题。

生（祝文雨）：他们觉得自己很不幸，其实他们还是比较幸运的。琵琶女还能嫁出去，白居易被贬谪，但还有官做，还是个闲官，没有多少事，还有工资拿。他们都怀才不遇，不满于现状，有一种心理的落差。

生（钟斯琳）：叔本华说，人生就是痛苦和厌倦，当你厌倦的时候你就不痛苦了，当你痛苦的时候你就不厌倦了。我初三的时候很忙，压力很大，是痛苦的，没有时间厌倦；我高一的时候，空闲了很多，也轻松了，我不痛苦了，这时候我却开始厌倦，有时不知道学习、生活的意义是什么。这两种状态是人的常态，琵琶女和白居易也是这样，少时得志，老大坎坷。

师：文雨同学和斯琳同学都讲得很好，一个有自己的创见，一个从人的心理常态来谈。琵琶女和诗人都是很有才华的，都曾经站在舞台的中央，有自己的荣光，但是终究被边缘化，沦落天涯，满腔怨愤。

师：曾经，一个是长安歌女，一个是京都官员；一个才艺俱佳、名满京师，一个才华横溢、名满天下。现在，一个漂沦江湖，独守空船；一个贬谪江州，寂寥孤单。相似的遭际、敏感的心灵，使诗人产生共鸣，从而写出"同是天涯沦落人，相逢何必曾相识"。

师：这句诗之所以有名，还因为它写出了人们的共同心理，谁人不曾有人生的辉煌，谁人不遭遇人生的低谷？这种从峰巅到低谷的心理落差，这种被世界流放的迁谪恨，许多人都会体会到，所以琵琶一曲，司马青衫；琵琶一诗，读者共鸣。

师：那么如何破解这人生的困局呢？我们要认识到，这是一个普遍的规律，谁人都无法逃掉，既然无法逃掉，那就勇敢面对，既然每个人都要面对，那就不要心理失衡。其实每个人都是自己生命舞台的主角，而自我的价值也无须经过别人的承认才存在，你自身就有内在的意义和价值。

师：人生于世，"使其中坦然"，将何往而不快。

书愤之诗　叹世之曲

学生背诵《虞美人》，然后教师明确学习任务，学习陆游的《书愤》和姜夔的《扬州慢》。

师：《书愤》一诗抒发了怎样的感情？是怎样抒发这种感情的？请大家带着问题朗读全诗和注释。

师：好的，大家一起说一说抒发了怎样的感情，用诗中的一个字概括。

生：是"愤"。

师：是的，是"愤"这种感情，不过这种感情是多层次的。

"早岁那知世事艰，中原北望气如山。"这句中"中原北望"其实是"北望中原"。为什么"气如山"呢？因为中原被金兵占领，敌人侵我土地，虏我人民，当然很生气，这里面还有豪气，因为诗人有收复中原的理想。所以在这一层，可以概括成"气愤"。

"楼船夜雪瓜洲渡，铁马秋风大散关"，这两句是诗人回顾自己战斗的岁月。类似的诗句还有什么？比如边塞战争、铁马、冰河。

学生齐背:僵卧孤村不自哀,尚思为国戍轮台。夜阑卧听风吹雨,铁马冰河入梦来。

师:所以,这个"愤"要概括成什么?

生:悲愤。

师:"悲愤"还不太好,因为这里"悲"的成分不太多。

生:激愤。

师:这个不错。我将其概括成"义愤",为了理想、坚守道义,是为义愤。"塞上长城空自许,镜中衰鬓已先斑。出师一表真名世,千载谁堪伯仲间!"这四句表达什么样的感情呢?

生:抑郁难平。

师:"塞上长城"和"镜中衰鬓"形成对比,类似诗句有:此生谁料,心在天山,身老沧州。千载谁堪伯仲间? 谁能和诸葛亮并肩呢? 谁能?

生:没有人能。

生:诗人他自己。

师:对的,诗人有以诸葛自比的意思。抒发了什么感情?

生:报效国家,但壮志难酬。

师:所以这里的感情可以概括成"悲愤"。我们在古代的诗歌里,经常见到"壮志难酬"的感情。那么古代文人为什么百分之九十都有这样的感情呢? 因为他们想建功立业,想出将入相。例如,李白想"大鹏一日乘风起",杜甫"致君尧舜上,再使风俗淳",但是这样的职位很少,所以壮志难酬的感情就比较普遍。

师:那么,诗人采用什么手法抒发"气愤、义愤、悲愤"的感情呢?

生:比喻、用典等。

师:我们再朗读一遍诗歌,再次体会作者的爱国之情。

师:我们下面简单学习一下姜夔的《扬州慢》,先看一下词作前面的小序。类似的小序我们在哪些诗词中学过?

生:《孔雀东南飞》《琵琶行》。

师:那么这里的小序有什么作用呢? 我来读一下,请各位思考。

(教师读,学生思考)

生:交代时间、地点和写作缘由,也点出了主旨,表现的是"黍离"之悲。

师:下面我们朗读该词,思考以下两个问题:1. 能否用词中的一句话概括它抒发的感情？2.该词用了哪些艺术手法来表达这种感情？

师：大家已经读完了，下面就结合课下注释来讨论以上两个问题。

生：清角吹寒，都在空城。我认为这两句很凄清。

生：不是，应该是"废池乔木，犹厌言兵"，这句表现了对战争的批评。

师：大家说，哪位同学回答得好一些？是的，第二位同学，所以该词的主旨概括为：黍离之悲，厌战之情。那么诗人使用了怎样的艺术手法呢？

生：有拟人，有借代。像"犹厌言兵"是拟人，而"胡马"代指金兵。

师：找得很准确，另外，大家能否从整篇文章、全局来找呢？

生：有虚实的比较和用典。写当前的荒凉和萧条，是实写；写曾经的繁华，写"杜牧重来会惊讶"，是虚写，虚实相生，虚实对比，突出了战争的残酷和罪恶。（同学质疑：有用典吗？）

生：用典，就是引用了杜牧的诗句，如"豆蔻梢头二月初""青山隐隐水迢迢，秋尽江南草未凋。二十四桥明月夜，玉人何处教吹箫"。这些诗句写了扬州的繁华。

师：用典，有言典，有事典。这里是言典。我们再一起读一遍，体会一下。

师：这首词中"二十四桥仍在，波心荡、冷月无声"很有悲冷的意境，和《红楼梦》中"寒塘渡鹤影，冷月葬花魂"有异曲同工之妙。

师：大家来读一副对联：看我非我我看我我亦非我，演谁是谁谁演谁谁就是谁。这副对联应该贴在哪里？

生：应该贴在剧院或戏台。

师：我们下面简单了解一下元曲的知识。我们初中的时候学过哪些元曲呢？

生：《天净沙·秋思》《山坡羊·潼关怀古》。

师：元杂剧分为杂剧和散曲，杂剧的结构是四折一楔子，"折"相当于现在的场，"楔子"相当于过场戏或者序幕。散曲，分为小令和套数。像《天净沙·秋思》是小令，《[般涉调]哨遍·高祖还乡》是套数，用一系列的曲牌来表现。像关汉卿的《叹世》就是小令，它使用大量的典故，表达了自己对功名的厌弃和对于世事无常的慨叹。

师：课后大家自己看一看《[般涉调]哨遍·高祖还乡》。

问君愁绪　恰似春水

师:"虞兮奈何,自古红颜多薄命;姬耶安在,独留青冢向黄昏。"这副对联巧妙地将虞姬的名字和一句俗语、一句古诗嵌入其中,很好地表现了虞姬的生命悲剧。后来出现了一个词牌名,叫作虞美人,我猜想这可能和虞姬的故事有一定联系。今天我们就来学习南唐后主李煜的著名词作《虞美人》。

师:提起李煜,我们就会想起他的一些词句,大家一起来回顾一下。有"无言独上西楼"的深沉寂寞,有"林花谢了春红,太匆匆"的慨叹,有"车如流水马如龙"的回忆,更多的是"多少恨"的昨夜梦魂。

师:李煜前期的作品,内容范围狭窄,风格靡丽,写自己做皇帝的宫廷生活。亡国之后,他身为囚徒,心境和过去相比有了天渊之别,词作风格发生了重大改变,内容多写故国之思和亡国之痛,具有深切入骨的感悟和痛彻心扉的感情,对于读者有着特别强大的冲击力和震撼力。

师:我们一起来读一读词作,思考一个问题:前六句其实都是扣着"变"和"不变"来写的。那么哪些句子写的是"变"?哪些句子写的是"不变"?作者为什么这样写呢?

(读完之后,吴倩同学提出一个想法,她觉得用粤语朗读会更有味道。温嘉颖推荐了舒茗同学,舒茗同学用粤语认真读了一遍。吴倩等同学鼓掌,觉得用粤语读得很有味道。)

教师评价:粤语保留了古代汉语的许多特点,例如读得很短促的字音较多,和其他字的对比就比较鲜明,节奏感就比较强。那么我们大家一起用粤语读一遍吧!

(学生用粤语认真读了一遍,颇有古诗的音韵之美。)(同学分组对于第一个主干问题进行了探究。)

生(刘雅齐):春花秋月、又东风、雕栏玉砌、一江春水等是不变的,往事、故国、朱颜等是变化的。其中"君"是变化最大的,由国君变成了阶下囚。

生(吴倩):刘雅齐同学回答得非常好,作者这样写是为了表达对故国之思、亡国之痛。

教师点评：不变的是宇宙自然，可以概括成自然永恒；变化的是人生、人事，可以概括成人生无常。两者之间形成鲜明的对比、强烈反差，表现了故国之思、亡国之痛。

师：在这样的对比之后，词人推出了具有强烈冲击力的句子："问君能有几多愁？恰似一江春水向东流。"千百年来这两句震撼人心的原因是什么呢？请各组讨论一下。

生（梁雯蕊）：这里用一江春水比喻自己的惆怅，写出愁的深重；还有自问自答的形式表现出了自己的孤独。一江春水是冰雪刚刚融化时的水，用寒冷映衬出自己的愁绪。向东流，表达了他对故国的思念，他的故国在东边。

生（钟斯琳）：由这里对于愁的描写，我想到了李清照对于愁的描写——只恐双溪舴艋舟，载不动，许多愁。它们都把抽象的感情写得具体形象。

师：很好，刚才讨论的时候，芍帆同学也联想到这个名句。

生（刘雅齐）：我们查了一下，第二小组同学说得正确，南唐首都在现在的南京，北宋首都在东京汴梁，所以说"向东流"表现了词人对故国的思念是正确的。

教师评点：同学们谈得很好，从手法、感情和效果三个方面总结一下，那会更好。至于为什么说"向东流"，大家的解释是一家之言。像这样写愁的名句还有很多，如贺铸的"试问闲愁都几许？一川烟草，满城风絮，梅子黄时雨"，如秦观的"自在飞花轻似梦，无边丝雨细如愁"等，都是化抽象为具象，特别感人。

（接着教师播放邓丽君的歌曲《虞美人》，让学生学唱。）

发红包　赏对联

这是学生分班后的第一节课，也是春节后的第一节课。春节还没有走远，但是已经开学。我看到粤教版《高中语文必修三》有关于对联的知识，于是决定发红包，然后和学生一起赏对联。

发红包在课前进行，我走到学生面前不说话，用眼睛盯着学生，有的学生面带疑惑，有的呆了一下，然后说老师好。我依然看着学生不说话，期待着最先说出"新年好!"的那位同学。终于,一个同学说出了"新年好!",我就发给了他一个红包。紧接着我走到另一位同学面前,然后班内的其他同学纷纷明白过来,依次说出新年的祝福,我就把准备好的红包发了下去。红包里装的少则几元,多则十几元。钱不是重点,重点是这营造了热闹和喜庆的气氛,也表达了老师对学生的小小奖励和深深祝福。我希望若干年后,这些孩子依然能记得2018年春节后的第一节语文课前师生间亲切的问候和班级内融洽的气氛。

赏春联是本节课的主要内容。

1. 趣味导入。师生一起观看电影《唐伯虎点秋香》里中华安和对穿肠的对联比赛,激烈夸张的对对子比赛和滑稽搞笑的动作表情,引起学生的阵阵笑声。我在笑声中引入课题。

2. 接下来"谈"对联源起和历史,"探"对联形式和技巧,"理"对联类别和用途,"赏"对联故事,最后进行对对子的实践。

对联这种古老的文学形式,由驱邪避祸、祈福求安的民族文化心理发轫,以桃木雕刻符咒或者形象,向妖魔鬼怪发出"赶快逃遁"的警告,悬挂于大门之上,以泰山压顶的姿态显示一种强大的震慑。后来经过简化,经由孟昶的改造和朱元璋的大力推广,对联成为营造节日气氛、祈求安康幸福的文化形式。后来对联经过进一步发展,在许多重要场合和时间,它可以表达某种感情或者彰显一种集体的文化记忆。

对联上下两联字数相等,平仄相合,词性相同,结构相当,内容相关。它以短小的形式融通古今、连接中外,言短意长,言雅意深。那些对联故事有的令人捧腹,有的让人痛惜,有的让人拍案惊奇。而对于身边对联的品味和身边事物的对联拟写则有校本教育的味道。我所在学校的正门对联:博学致知览中外 雅正端品通古今。该对联将校训"博学、雅正、融和"嵌入其中,寄予了对学子的期待。校史展厅的对联:甘霖普降梧桐绿 雏凤清啼丹桂香。该对联以甘霖比喻师恩,以梧桐比喻环境,以雏凤比喻学子,以丹桂暗示凤凰学子锐意进取、不断蜕变更新的精神。意境鲜活,寓意深远。

最后让学生写对联,用对联的形式记录生活,表达感情。

开学第一课的构思和实践较为成功,较好地实现了承上启下的目的,这节课若精简内容,多给学生发挥的空间,那会更好。这节课可以再加入一些创新的成分,如播放"书写春联"的视频或者组织学生现场写春联,然后让学生张贴,那样学生对春联的理解会更加深刻。

转变诗境为画境

上节课我留了一个作业,让学生对比学校大门口的对联和校史展厅的对联。学校大门口的对联:博学致知览中外,雅正端品通古今。校史展厅的对联:甘霖普降梧桐绿,雏凤清啼丹桂香。

刘宜萱、昌子妍、谭嘉伟三位同学做了精彩的回答。

刘宜萱:我认为第一副对联更好,它将我校"博学、雅正、融和"的校训镶嵌其中,比第二副对联接地气,好理解,又十分大气,"览中外"和"通古今"也寄予了对于同学们的期望。第二副太文艺,不好理解。

昌子妍:我更喜欢第二副对联,正是因为它的含蓄蕴藉。它使用比喻的手法,有着深刻的含义。以甘霖比喻教师的关怀,"普降"表现教育面向全体学生,"梧桐绿"描写环境的美好,而凤凰又是栖息于其上的。雏凤比喻我们同学,丹桂香是对美好未来的想象,比喻我们同学取得巨大的成就。对仗工整,耐人寻味。而第一副对联太直白,内涵不够。

(谭嘉伟对昌子妍的回答进行了评价。)

我的总结:两副对联各有特色,但个人更喜欢第二副,因为它含义丰富。当然第一副对联适合放在学校大门,因为它通俗大气;第二副适合贴在校史展厅,因为它含蓄蕴藉。

本堂课的主要任务是学习王维的山水诗《山居秋暝》。

当学生用稚嫩的童音吟咏《红豆》的时候,老师就郑重地告诉他们王维的诗是"诗中有画";当学生用高亢的青春之声朗诵《使至塞上》的时候,老师又一次强调王维的诗歌特点是"诗中有画";当高中学生再次接触王维的诗歌《山居秋暝》的时候,老师依然在重复这个"诗中有画"的概念,那还有多大意义呢?这一节课的重点放在对于"诗中有画"的深度解读上,联通诗境和画境,探究"诗中有画"的表现以及将诗境转变为画境的技巧和方法。

诵读之后是小组的深入讨论,讨论后是学生精彩的回答,然后教师做总结。

一、诗中有画的构件

画是由哪些构件组成的呢？点、线、面、光、色等。本诗选择了很多意象，如空山、明月、清泉、松树、石头、竹林、莲叶、浣女等，这里面有"点"，那天空的一轮明月就是一个点，那蜿蜒曲折的清泉就是一条曲线，那黑森森的松林就是一个面，那素淡的月色是光色。

诗人在意象的选择上具有画家的敏感，这些意象既符合要抒发的感情，更契合图画（山水写意）的构件特点。这是王维山水诗"诗中有画"的一个典型的证据。

二、诗中有画的境界

写意山水是笔墨作用于宣纸的结果，而诗歌是以文字为墨在读者的头脑上作画，无论是绘画还是诗歌都是以境取胜。该诗为读者描绘了生动的画面：明月松林图、清泉映月图、浣女夜归图、月夜采莲图，这些画面前后勾连，形成山中动态的图景。"状难写之景如在目前"，达到了甚至超越了图画的效果。另外，诗中用动词连接那些意象，赋予画面流动之美。

三、诗中有画的技巧

中国古代写意山水十分讲究技法的运用，如白描、皴染、烘云托月等，也注意视角的选择和层次的安排，而王维的这首诗就有白描的手法，十分典型的是"明月松间照，清泉石上流"，寥寥几笔，就生动地勾勒出景物的神韵。

衬托手法用得也很巧妙，视听结合，动静结合，以声衬静，凸显了山中的幽静，但是幽静中依然有生机和活力。

诗歌像绘画一样注意视角的选择，有仰视"明月松间照"，有俯视"清泉石上流"，有远观，有近觑。有了这些角度，也就有了景物的多样性和层次的丰富性。

四、诗中有画的深义

绘画也是蕴含感情的，通过形象来表达感情，比较含蓄蕴藉。本诗也是这样，在形象中寄予诗人的感情。青松、明月、竹子和荷花，暗示了诗人内在的高洁。

教师总结：围绕一个问题，不停敲打，深入探讨，可以获得审美的悸动。

寻找诗眼　品味感情

遵循史家的实录精神，蘸着血泪之墨，用诗歌的形式抒发悲天悯人的博大胸怀，所以他的诗被称为"史诗"；而他自己典型的形象也被定格在那些伟大的篇章之中，那是"白头搔更短"的老迈，是"戎马关山北，凭轩涕泗流"的悲伤，是"安得广厦千万间，大庇天下寒士俱欢颜"的博大。这就是诗中圣哲——杜甫的形象，一个外表悲戚而内心博大、悲悯的伟大诗人。

师：今天我们学习杜甫七律中的经典作品《登高》，想当年我就是凭借这首诗的试讲，以第二名的成绩被录入广州外国语学校的。（学生笑）

作为封建时代知识分子的杜甫，也有着出将入相的强烈渴望，"致君尧舜上，再使风俗淳"。是怎样的人才能辅佐君主雄心图治，超越古代有名圣君呢？是怎样的人才能使天下大治，风俗重归于淳厚朴实呢？那是有着皋陶、姜尚才华的贤相。从这里，我们可以看出杜甫的自我认可与自我期许。

简单介绍作者之后，就进入诗歌的诵读和鉴赏。采用中心突破的方法，从感情切入，以带起全篇。紧紧围绕两个问题，推动课堂进程：1. 你能否用诗中的一个字来概括全诗的感情？ 2. 诗人是怎样抒发这种感情的？

小组讨论以后，有不同的答案，有以下选择：哀、恨、悲、病。

猿之哀亦是人之哀，展现全诗的感情基调。苦恨是深恨，是一种深深的遗憾，是时光流逝、壮志难酬的悲叹。悲，是悲秋之情，统领全篇。病，是病苦，是内心的痛苦。

既然用一个字概括全篇的感情，那么这个字就应该是全诗的诗眼，这个字暗示或点明主旨，统领全诗的感情，在结构上也有重要的作用。根据这个标准，"悲"可以作为诗眼，因为它点明了诗歌的中心——漂泊天涯、老病孤愁、壮志难酬等复杂的感情，它统领了哀、恨、病等，它处在起承转合的转的位置上，承秋景之悲，领个人及家国之悲。

春女思，秋士悲。"自古逢秋悲寂寥"，悲秋的情结是古代儒士典型的感情。他们自许很高，但事实和理想差距很大，反差强烈，所以悲秋就成了很多文人的普遍感情。

就颈联而言,古人以为有"八可悲":他乡作客,一可悲;常作客,二可悲;万里作客,三可悲;又当萧瑟的秋天,四可悲;年已暮齿,一事无成,五可悲;亲朋亡散,六可悲;孤零零地独自去登,七可悲;身患疾病,八可悲。它们分别可以概括成:悲离、悲久、悲远、悲秋、悲身、悲亲、悲独、悲病,充分体现了杜诗"沉郁顿挫"的风格。

那么诗人如何抒发这种感情呢?前两联,选择悲猿、飞鸟、落木和长江这些很有意蕴的意象,组成感情深沉的意境。诗人触景生情、借景抒情、寓情于景、情景交融。后两联直抒胸臆,借事抒情。

第二联"无边落木萧萧下,不尽长江滚滚来",是千古名句,它妙在哪里?经过讨论,同学们各抒己见。徐华泽、祝文雨等同学均有精彩回答。这两句写景有俯有仰,有视有听,时空交织,境界阔大,感情深沉。"无边"写空间之广阔,"不尽"写时间之绵长,"萧萧"状落木之声,"滚滚"写长江之形,自然规律不可改变,时光车轮滚滚向前,而人生短暂,功业难建,壮志难酬。诗句对仗精工,描写臻于化境。

剩下十分钟时间,教师带领学生从景和情两个方面赏析了王昌龄的《从军行》。

本节课化繁为简,以简御繁,同学们参与的积极性高,效果不错。

叩问石头　拨动琴弦

当敏感的古人面对一个积淀了丰厚历史和广博文化的景点的时候,他会以景物和个人为原点建立起一个时空交织的坐标系,他以历史为参照映照出现实的残缺不全或者个人的艰难遭际,以他人酒杯浇心中块垒,以历史教训讽谏现实的君王,在这样的时空中定位自我生命的存在。诗人站在原点,看着历史由古及今滚滚而来,诗人仰望浩渺的宇宙,想找到一颗用自己的名字命名的星辰。

"诗家总爱西昆好,独恨无人作郑笺。"西昆酬唱,宗法商隐,自然是含蓄蕴藉,词句精工,大量用典,不好理解。这既是对其风格的精准概括,也有对其晦涩的委婉讽刺。李商隐的《锦瑟》,托物起兴,排用典故,抒发怅惘之情,其情易知,但深义难解。精工绮丽之美,生命中因那些珍珠般美好的情感的失落而产生的怅惘之叹,让灵魂悸动而难忘。

我们要叩问刘禹锡笔下的石头,我们要拨动李商隐案上的琴弦。

师:我们一起回顾学过的怀古诗,从《赤壁》的折戟沉沙、自将磨洗到《泊秦淮》的烟水沙滩、商女艳歌,到《江南春》的千里莺啼、红绿相衬、南朝寺庙、楼台烟雨。

在齐读吟咏《石头城》之后,小组讨论问题,这是"叩问石头"的核心内容。

一叩石头之景:诗歌写的景物有哪些?具有怎样的特点?

二叩石头之情:诗人抒发了怎样的感情?

三叩石头之因:为什么会生发出这样的感情?

生(陈钧师):写的景物有:山、故国、潮水、空城、淮水、明月、女墙。这里的景色萧条肃杀。通过景物的描写,怀古讽今,表达了诗人对唐朝国运衰微的慨叹。

教师追问:山、潮水、淮水、明月这些意象除了表现出凄凉、萧条,还有什么特点?学生讨论回答,这些景物具有永恒性。教师顺势引导,山川依旧,明月依旧,自然永恒,但是那些在石头城建国的六朝繁华已经烟消云散。自然永恒和繁华逝去,形成了鲜明的对比、有力的反衬。故诗人怀古伤今,劝诫唐朝的统治者以前车之覆为鉴。

在叩问石头之情阶段,黄子桐回答:唐朝的历史共二百多年,刘禹锡之时唐朝已处晚期,各种衰亡之象已露,诗人想到石头城曾经之繁华,对照现在的情况,难免生发出怀古伤今的慨叹。另外诗人本身也可能遇到了不顺,看到眼前景色难免伤情,想到古今之事。(五班单文彦说能够怀古伤今的人应该关心政治,有一定的责任感;谭嘉伟说之所以产生这样的情感,有以下三个原因:外界景物的触发、个人对于历史知识的把握,还有相关的现实问题。)

教师顺势引导,"其实子桐同学是从三个角度讲的"。哪三个角度?那就是历史的角度、现实的角度以及个人的角度,还可以加上一个角度,那就是地理的角度。历史角度:六朝于此石头城建都,曾经一度繁华,最后繁华散尽。地理角度:钟山龙蟠,石城虎踞,真帝王之宅也。其地理形势十分重要,往往是战争争斗的关键和抢夺的重点。战争胜负以能否占领石头城为标志。像古诗里写的"千寻铁锁沉江底,一片降幡出石头",即是这样。个人角度:作为有政治理想的诗人,他参加了变革集团,结果被打击流放。

"石头的叩问"可以分为三个步骤,即问景、探情、寻因。

先用徐小凤的深情吟唱引入,然后师生一起去弹拨义山案头的锦瑟。李商隐的这首诗像许多无题诗一样是一个谜语,于是"欲问弦外音,且将谜语猜"。在学生理解基本文意的基础上,学习的步骤就设计为:设谜、探情、初解、总结。

设谜:诗人追思华年,此情惘然,那么这是何种华年,此情为何,因何惘然?

分组讨论,回答呈现多元趋势。

第一小组的杨秋蓉:我们小组认为这是爱情,一段美好但是无法有结果的爱情。

第三小组的欧阳小木:我想到歌词,"我的青春一去不回来",这是对华年逝去的感伤。

有同学说,有的资料说这首诗在悼念亡妻。究竟是什么感情?凭借什么去猜?凭借诗句,凭借背景知识。最为关键的是诗中的典故,这些典故具有怎样的特点?庄周梦蝶:缥缈、美丽、短暂;望帝啼鹃:痛苦、执着、真诚;鲛人泣珠:珍贵、美丽、难寻;美玉生烟:圆润、温暖、可望而不可即、易碎。诗人就是利用这些典故的特点来暗示华年的多样性和此情的立体性的。所以谜底也具有多样性:悼亡之情、华年流逝之殇情、没有结果的恋情、理想破灭的悲情等,只要具有四个典故暗示性特点的,即可以说成是谜底。诗歌的魅力就在这里,在于它呈现的画面之美,在于它的不确定性。

这首诗以其独特的美打动人心,让人联想到白居易的《花非花》,联想到元稹悼念亡妻的诗《离思》:曾经沧海难为水,除却巫山不是云。取次花丛懒回顾,半缘修道半缘君。

胡慧宜、李子越、黄子桐的回答十分精彩。根据典故的多样性和暗示性可知,此情可能是综合性的,既有悼亡、自况,也有爱情、理想的破灭,因为他"一弦一柱思华年",他是在回顾自己逝去的近五十年的华年。

黄子桐结合自己的经历,谈到童年、少年的惘然之情。我补充了写个人感悟的一首诗:秋叶恋春花,雨中夕阳斜。欲赋红豆诗,青灯古佛下。

师生拨动李商隐案头的锦瑟,获得了探究的快乐和审美的愉悦。

声声慢　多重愁

这是一位才女,大明湖畔有她窈窕的身影,《漱玉词》里有她的喜怒哀乐。这是一位薄命的红颜,历经漂泊流离,情感变迁。她就是李清照,就是易安居士。

我们在初中时就学过她的许多词,有少女时期的欢乐:"常记溪亭日暮,沉醉不知归路。兴尽晚回舟,误入藕花深处。争渡,争渡,惊起一滩鸥鹭。"(引自《如梦令·常记溪亭日暮》)有夫妻分离的惆怅:"薄雾浓云愁永昼,瑞脑消金兽。佳节又重阳,玉枕纱厨,半夜凉初透。东篱把酒黄昏后,有暗香盈袖。莫道不销魂,帘卷西风,人比黄花瘦。"(引自《醉花阴·薄雾浓云愁永昼》)

师:今天我们学习她晚年的一首词:《声声慢》。此词的写作背景是,国破家亡,词人渡江而南,飘零憔悴,在苦难中遇到一个对她较好的男人张汝舟,在他的迷惑之下,李清照嫁给了他,婚后才看到他的本来面目,他是为了贪图李清照家的金石文物,还对李清照家暴。不得已,李清照经过痛苦的经历,和他离了婚。此时的李清照已经是孑然一身、万般孤苦了。

师:好的,我们来学习。

(教师展示图片,这张图片上,背景是秋景,前面是一个青春美少女。)

生(王心然):我认为这张配图不好,不符合词人的年龄和身份。

(教师插话:应该换一个老态龙钟的老妇人,是吗? 同学们点头。教师评价,心然同学说得很好。)

师:同学们,我觉得这首词不应该是读出来,(有同学说:应该是哭出来的)对,应该是哭出来,哽咽出来的。下面我们听朗读,看看朗读录音如何?

师:读得怎样呢? 我们请举手的苏凝同学说一下。

生(苏凝):他读得不好,读得太慢,你看两个字两个字地读,不连贯,虽然这是悲伤的情感,但这样读不好。

师:苏凝同学说得很好,有自己的见解,但是我觉得读得很好,因为切合这首词的基调。我们来探讨一下。思考:全词的基调是什么? 用词中的哪一句、哪个词能概括?

（学生讨论,教师巡视。第五组同学认为"寻寻觅觅,冷冷清清,凄凄惨惨戚戚"中的每一个词都可以作为基调。）

生:我认为"这次第,怎一个愁字了得?"是全词的主旨句,"愁"字是全词的基调。

教师追问:那么,为什么不是开头的一句呢?

生:你看这句话意思是,这种光景、情况怎能用一个愁字概括呢?这句话直接抒情,又是对全词的总结。

教师点评:用开始的句子作为基调,也未尝不可,但是考虑主旨句,那就要考虑内容和结构两个方面,所以这位同学说得很好。这里的愁是多层次的、立体的。

师:这首诗的开头"寻寻觅觅,冷冷清清,凄凄惨惨戚戚"很有特色,请大家试着说一说这是什么用法。

生:叠词。

师:是的,使用了叠词,这是一种创新。那么它有什么妙处呢?

生(鲁馨阳):寻寻觅觅,写她寻找却找不到的惆怅;冷冷清清,写她的感受;凄凄惨惨戚戚,写她内心的悲惨。这是一种递进的关系。

师:一班同学说这是一种因果关系,因为找不到,所以词人感到冷冷清清,因为这种冷清是由内而外的,所以凄凄惨惨戚戚。那么哪班同学说得对呢?（同学抢答,"我们的对"）都对,因为这里写感情是由外而内,由表及里。这还表达了一种怅然若失、精神迷惘的状态。就像你从一个房间到另一房间找东西,到了另一房间,想不起来了,就在那里怅惘。

师:为了表达愁这种感情,词人选择了哪些意象?这些意象都有怎样的含义?我们一起来看看。

（教师朗读余下词句,然后大家一起找。）

生:淡酒、急风、大雁、黄花、梧桐、细雨、黄昏、黑夜等。淡酒,借酒消愁,但是淡酒又不能消愁,更添一份愁。急风,急风吹来更多愁,让人更感到凄凉。大雁,暗示旧时相识,表达什么感情呢?

生:思乡思亲。

师:是的,但是要比这个深刻得多。这个意象在李清照的《一剪梅》中也出现过,而《一剪梅》这首词还被谱了曲,可以唱了。

（教师唱《一剪梅》:红藕香残玉簟秋。轻解罗裳,独上兰舟。云中谁寄锦书来,雁字回时,月满西楼。花自飘零水自流。一种相思,两处闲愁。此情无计可消除,才下眉头,却上心头。)

师:这首词中词人表现的是两地相思,而《声声慢》中夫君已逝,大雁再也不能传来书信了,这种悲哀是深入骨髓的。

师:黄花,这个意象在以前的词里也出现过。"帘卷西风,人比黄花瘦。"那时的黄花在哪里?

生:枝头。

师:是的,在枝头,但现在在哪里? 在地上,而且憔悴极了。所以黄花是作者自身的象征。

师:梧桐是一个什么意象? 这个意象在李煜的词里出现过。

生:寂寞梧桐深院锁清秋。

师:梧桐在白居易的《长恨歌》里也出现过,"秋雨梧桐叶落时"。所以梧桐是一个悲伤的意象,也是一个失偶的意象。这里的梧桐,不仅是悲伤的、失偶的,而且"更兼细雨",这细雨不是打在叶子上,而是打在心上。这滴落的不是雨滴,而是泪滴。从白天到黄昏,从黄昏到黑夜。怎能忍受黑夜,其实是怎能忍受孤独。所以词人借景抒情,情景交融。

师:那么,作者这里写的愁有哪些呢?

睿捷同学:她没有钱也是一种愁。

其他同学:漂泊、故国之思、无人理解等。

师:概括一下"愁"的三个方面——国家之愁,漂泊之愁,孀居之愁。杜甫的《登高》有八可悲,李清照的《声声慢》有三可愁。

最后学生齐读《声声慢》,再次体会。

杨柳岸　伤离别

我们从绚丽多彩的唐诗世界里走出来,还来不及休息,就被宋词的妩媚多姿迷住眼眸。

宋词又被称为曲子词、长短句、诗余、乐府,是当时的一种供歌唱的曲词,宋词往往有词牌名,有的还有一个题目。宋词一般分为上、下两段,上段称为上片或者上阕,下段称为下片或者下阕。两段的词叫作双调,三段的叫作三叠。按照字数多少,分为小令、中调、长调。

师:今天我们学习柳永的《雨霖铃·寒蝉凄切》,这个词牌名来自白居易《长恨歌》中的"夜雨闻铃肠断声"。

柳永是宋代婉约派的代表词人,他写了很多慢词,在当时流传十分广泛,有"凡有井水处,皆能歌柳词"之说法。柳永科举失败后,走向了市井,出入勾栏瓦肆,他的歌词成为歌女们传唱的流行歌曲。柳永后来在仕途上做到了屯田员外郎,被称为柳屯田。

师:听朗读录音,思考问题:全词的中心句是什么?写作顺序是怎样的?

中心句:多情自古伤离别,更那堪,冷落清秋节!其中"伤离别",就是为情人之间的离别而悲伤,这三个字是全诗的中心。全词扣住"离别"二字,按时间顺序写了离别前、离别时和离别后。

师:古人写诗无非情景两端,有景语和情语,请各小组讨论一下,找出本词中的景语和情语。

(学生讨论,教师巡视。田培儒盯着老师看,接着问:古人不是说一切景语皆情语吗?)

师:确实古人说了这句话,这话也是对的。诗词中的景已经不是客观的景,已经带上了主观的感情。但是为了鉴赏的需要,我们需要分清哪些语句重点写景,哪些重点写情。

同学纷纷回答,上阕主要写景,下阕主要写情。

教师追问:那么"杨柳岸,晓风残月"是写情吗?

生:不是写情,是写想象中的景。

师:所以作者所写的景有三种——眼前之景、联想之景和想象之景。眼前之景是"寒蝉凄切,对长亭晚,骤雨初歇。都门帐饮无绪,留恋处,兰舟催发"。联想之景是"念去去,千里烟波,暮霭沉沉楚天阔"。想象之景是"今宵酒醒何处?杨柳岸,晓风残月"。所以本词在艺术手法上最大的特点是:情景交融,虚实相济。

具体探究的问题:

1. 开头三句的作用。

2. "执手相看泪眼,竟无语凝噎"的手法和作用。

3. "今宵酒醒何处?杨柳岸晓风残月。"两句的妙处。

生：开头三句是环境描写，营造了悲凉的气氛，寒蝉、长亭、骤雨，衬托了离别的哀伤，也定下了悲伤的感情基调。

生："执手……"一句使用动作、细节描写，写出了依恋和无奈。

师：那么，我们能否让同学表演一下这个场景呢？（大家推荐田培儒和黎昊文）请两位男生表演一下。〔两位男生握手，老师和田培儒握手（礼节性的握手）〕肯定不是这样的，应该是双手紧握，四目相对，眼眶中有泪珠打转。

师：一班的吴倩同学联想到苏轼的词句"相顾无言，惟有泪千行"，这和柳永的一样吗？（阮琪楷在下面跃跃欲试）

师：请阮琪楷同学说说。

生（阮琪楷）：当然不一样了，柳永这里的是"生离"，苏轼那里的是"死别"。苏轼的词句感情更深，悲伤更浓。

生（鲁馨阳）："今宵酒醒何处？杨柳岸，晓风残月。"使用的是设问，"杨柳岸，晓风残月"表现了离别的悲伤。残月，还比喻人不能团圆。

师：很好。大家可以先想角度，再想答案。可以从情感、手法和效果三个方面说。这首词抒发了离别的惆怅和漂泊的孤独，使用设问和虚写的方法，化虚为实，情景交融，具有形象性和感染力。

师：最后大家一起诵读该词，进一步体会其感情和艺术魅力。

以古鉴今　生命突围

师：昨天我看到一句话，"记忆就是生命的垂老端向生命的出生端的贪恋"。仿照这句话造句，怀古就是生命的现实端向生命的历史端的追怀。我们继续学习怀古词，上节课我们学习了什么是怀古，这节课我们重点探讨怎样怀古和为何怀古。我们逐个进行，请各组针对第一个问题讨论一分钟。

（学生讨论得比较热烈，教师巡视，并参与了郭芷暄和周子榆的讨论。）

周子榆：怀古诗，写古人古事，往往用典，将古人和自己对比。

师：好的，大家讨论得比较热烈，哪位同学来回答一下怎样怀古？

（没有同学举手，情形比较尴尬）

师：看来大家讨论得还不到位，我们继续讨论。

师：哪位同学回答一下？（吴倩同学举手）

生（吴倩）：《念奴娇·赤壁怀古》写景时有夸张和比喻，"乱石穿空，惊涛拍岸，卷起千堆雪"是想象。

师：这里所写的景不是赤壁之战古战场的景，是黄州赤壁也就是文赤壁的景。

生（吴倩）："雄姿英发，谈笑间，樯橹灰飞烟灭"是作者的联想，是虚写。写到的古人就是周瑜，词人将周瑜和自己对比。

教师顺势引导：是的，这个时候周瑜是赤壁之战的前敌总指挥，和孙权是外托君臣之义，内有骨肉之情，像亲兄弟一样，可以说周瑜在官场、战场、情场常常得意。而苏轼是常常失意的。（"小乔初嫁了"，这是以美人衬英雄。）

生（吴倩）：最后的"一尊还酹江月"中有没有拟人？

教师引导：这是作者将酒洒在江中，祭奠江月的动作，不能说是拟人。吴倩同学回答得非常好。

（教师看着何懿同学，暗示她回答问题。）

生：我赞成吴倩同学说的，不过我认为还有环境描写。

教师顺势引导：回答得很好，确实有环境描写。不过两首词的环境描写不一样：《念奴娇·赤壁怀古》中的"乱石穿空，惊涛拍岸，卷起千堆雪"是宏伟奇丽的景色，用以衬托人物，是正衬；《永遇乐·京口北固亭怀古》中的"斜阳草树，寻常巷陌"是用衰飒、平常的景物衬托人物，是反衬。

教师总结：怀古诗文常用的怀古手法有联想、用典、对比、衬托、虚实结合、借古讽今等。

后赤壁赋　此游乐否

课前学生集体背诵《赤壁赋》前两段。

师：各位小伙伴，大家好！你们应该有过月夜出游的经历，能否说说大致的经历和当时的感情？

生（徐华泽）：记得有一年，八月十五中秋节我们在学校度过，下了晚修，我们去操场赏月，看星星，我当时觉得很自由、很舒服，觉得整个世界都是我自己的啦。我们学校南边有一片荷塘,景色还是很美的,我当时希望这种美好的景色一直保持下去。

师:徐华泽同学说得非常好,我们要看到月光下的美景。苏轼就有月夜出游的情结,我们来看看。

(教师展示苏轼写月夜出游的诗文:明月几时有?把酒问青天;缺月挂疏桐,漏断人初静;月出于东山之上,徘徊于斗牛之间;等等。)

师:今天,我们学习苏轼另一篇写月夜出游的文章《后赤壁赋》(板书课题)。白居易说:"感人心者,莫先乎情",经典文章往往以情取胜,我们首先来听本文的朗读,用耳更要用心,去感知作者寄寓在文章中的深情。听后我要找同学从语音、节奏两个方面评价一下。

(教师请学生评价)

生(高堃):读得很好。

师:这样的表扬我不接受,因为它没有依据。好是评价,是观点,但是还需要论据。

生(高堃):语音准确,有节奏。

师:我们请田培儒来说一说。

生(田培儒):读得非常好,因为朗读录音把苏轼被贬黄州时的复杂感情都表现出来了。

师:真的是这样吗?我怎么没有发现呢?就没有什么缺点吗?

生(田培儒):有,背景音乐不太合适,太欢快了。

生(昌子妍):老师读得非常好,从节奏来看,文中有很多骈句,像四字的"江流有声,断岸千尺;山高月小,水落石出",还有"予乃摄衣而上,履巉岩,披蒙茸,踞虎豹,登虬龙,攀栖鹘之危巢,俯冯夷之幽宫",节奏把握得都很好。还有就是读出了感情,像鹤化道士那种虚无缥缈、怅然若失等都表现了出来。

师:昌子妍同学的评价是两个班中最好的,详细全面,有理有据。当然我读的也有缺点,但是优点是主要的。

师:通过朗读,我们可以体会到这篇文章的特点。此文的文体是什么?

生:是赋。

师:但是它和骈赋又不一样。我们学过《阿房宫赋》,我们一起背几句:"二川溶溶,流入宫墙。五步一楼,十步一阁;廊腰缦回,檐牙高啄;各抱地势,钩心斗角。"而此文有骈句吗？有,但是更多的是散句。所以此文的文体是文赋,文赋是散文和赋的结合。

（板书：以文为赋）

师：古人说,赋的特点是铺采摛文、体物写志。前者是说,骈赋使用铺陈手法,多使用骈句；体物写志,体物是指描写事物、景物到位。例如"江流有声,断岸千尺；山高月小,水落石出",写赤壁的景物。

生：这是白描的写法,极尽其妙。

师：刘勰的《文心雕龙•知音》中有：夫缀文者情动而辞发,观文者披文以入情。下面我们就"披文入情",探究苏轼的情志。

梦中道士问苏轼："赤壁之游乐乎？"你觉得苏轼赤壁之游快乐吗？请分别以苏轼、苏轼的朋友、梦中道士的角度予以回答。

回答的形式是：各位朋友,大家好！我是苏轼,元丰五年十月十五日第二次月夜游赤壁,我是快乐的/我是不快乐的……

各位朋友,大家好！我是苏轼的朋友,元丰五年十月十五日第二次月夜游赤壁,我认为苏轼是快乐的/不快乐的……

各位朋友,大家好！我是苏轼梦中的道士,元丰五年十月十五日第二次月夜游赤壁,我认为苏轼是快乐的/不快乐的……

师：请大家讨论两分钟,一会儿请同学们来回答。

生（何懿）：各位朋友,大家好！我是苏轼,元丰五年十月十五日第二次月夜游赤壁,我当然是快乐的,你看那一天虽然霜露落下来了,树叶都落了,但是景色也很不错啊,天上挂着一轮月亮,月白风清,有美酒,还有佳肴,还有人陪着,多好啊！所以我是很快乐的。

师：开始没有酒,是谁给的酒？

生：他的妻子。

师：是啊,他的妻子有美酒,藏了好长时间,就是为了满足他对美酒的需要。这说明什么？

生：他的妻子懂他。

师：他们"行歌相答",很高兴,你觉得他们会唱什么歌呢？

生：桂棹兮兰桨,击空明兮溯流光。

师：回答得非常好,但是这写的是游赤壁之前的事情,可以说是黄泥坂之乐。下面还有哪位同学来回答？

生（刘雅齐）：各位朋友，大家好！我是苏轼梦中的道士，元丰五年十月十五日第二次月夜游赤壁，我认为苏轼是不快乐的。因为他"履巉岩，披蒙茸，踞虎豹，登虬龙"，四周的景色很凄冷，那些奇形怪状的岩石、树木又让人觉得很恐怖，他的朋友又不能跟上他，他"划然长啸"，那声音也让人感觉恐怖。回来以后，苏轼还做梦，梦到了我，我是仙鹤变成的，他问我是谁，我不告诉他，他开窗去找我，我早就飞走了，给他留下一地的悲伤。我认为苏轼的赤壁之游是不快乐的。

生（吴冕）：各位朋友，大家好！我就是文中的那只仙鹤，元丰五年十月十五日第二次月夜游赤壁，我认为苏轼是不快乐的。他在江上遇到我，我自由自在，他很羡慕我，但是他做不到，所以他是不快乐的。

师：吴冕又开辟了一个新的角度，非常好；刘雅齐紧密结合课文，分析得也很好。还有谁来说？

生（吴倩）：各位朋友，大家好！我是苏轼，元丰五年十月十五日第二次月夜游赤壁，我是快乐的。因为那里有秋天的景，还有我踩着巉岩，劈开那些灌木，我登上像虎豹一样的岩石，我爬上像虬龙一样的树木，我征服了它们，我还攀上栖息鹰隼的高处的巢，俯瞰水神的幽宫，仿佛天下只有我自己。所以我是快乐的。

师：吴倩和刘雅齐说的是相反的，那谁的对呢？

生：都对。

师：是的，表面上恐怖，内里还是有一种积极向上的态度。所以这里写苏轼的情志，有困境中的积极和豁达，也有想解脱而不能的苦闷、矛盾。

课下作业：复习《赤壁赋》，将《赤壁赋》和《后赤壁赋》进行对比，看看它们在写景、抒情、手法方面的不同。

两词怀古　豪壮情怀

师：我们已经在婉约词里缠绵徜徉了几天了，应该已经有了甜腻的感觉，那么今天我们就走出婉约，走向星辰和大海，学习豪放派的两首词：《念奴娇·赤壁怀古》和《永遇乐·京口北固亭怀古》。

师:这两首词的作者分别是苏轼和辛弃疾,他们是豪放派的代表人物,并称"苏辛"。他们丰富了词的感情,拓展了词表现的内容。

师:下面我们带着一个问题来听朗读:这两首词是豪放派的代表作,那么豪放体现在哪些方面呢?

(教师朗读,学生鼓掌)

师:易中天先生讲《品三国》,他在第一集就朗诵了这首《念奴娇·赤壁怀古》,称赞这首词作真是大气磅礴。那么我们朗读这两首词,看看豪放体现在哪里?

(学生朗读、讨论,教师巡视,并参与学生讨论。)

教师参加了第一小组的讨论,问同学:豪放体现在哪里?

生(杨秋蓉):体现在景物上。

教师追问:为什么呢?

生(杨秋蓉):因为意象都是很大气的,什么大江啊,乱石啊,惊涛啊。

教师追问:还有吗?

生(杨秋蓉):还写了周瑜。

教师转向第三小组,问钟斯琳:你觉得豪放表现在哪里呢?

生(钟斯琳):我们初中的时候学过辛弃疾的词,老师介绍过他,说他虽然是个文人,但是却想成为一个武将,他的志向难以实现,有壮志豪情,但是壮志难酬。

(学生讨论得很激烈,几分钟后很多同学举手要回答问题。)

生(吴倩):我重点分析《念奴娇·赤壁怀古》,我感觉作者是站在时空的制高点观看,写大江滚滚滔滔,写赤壁的壮丽景色,如"乱石穿空,惊涛拍岸,卷起千堆雪",写三国的豪杰,写赤壁之战的情形。

生(梁雯蕊):我将两首词对比着说。两首词内容豪放,感情豪放,词人都有豪情壮志,但是都壮志难酬。

生(黄子桐):《念奴娇·赤壁怀古》从千古风流人物写到三国英雄人物,写到周瑜,作者站在时空交织的制高点看古迹和古事。在最后,作者有些悲伤。"人生如梦,一尊还酹江月",作者壮志难酬,很悲伤,把酒洒在江中,这个动作表现出他是很豪迈的,虽然有悲伤的情绪,但还是豪迈的。

生(吴倩):我补充一句,我觉得"人生如梦,一尊还酹江月"是沉郁中的豪放。

师:请各位记下来,沉郁中有豪放,这是很专业的点评,说明她看了很多诗词方面的鉴赏文章。

生(祝文雨):数字的使用表现出豪迈,像千古、万里等,很壮阔;人物的形象表现出豪迈,《念奴娇·赤壁怀古》写了周瑜的英姿,《永遇乐·京口北固亭怀古》写了孙权、刘裕、刘义隆、廉颇四个人物;艺术的手法表现出豪迈,如对比和夸张;语言的风格表现出豪迈。

教师点评:这首词写了孙权、刘裕、刘义隆、拓跋焘、廉颇五个古人。先前我认为文雨的逻辑思维很强,语言建构能力差一点,所以我先前反对他学文,现在看来我要改变对他的印象了。

生(李子越):前面写创业的父亲刘裕,"气吞万里如虎",非常豪迈;后面写败家的儿子,"元嘉草草,封狼居胥,赢得仓皇北顾",出兵匆忙,导致失败。这形成了鲜明的对比。

师:大家回答得都非常好,吴倩和祝文雨的表现更精彩,特别予以表扬,每组加 20 分。

师:什么是怀古呢？我们不妨咬文嚼字,"怀"是什么意思？"古"包括哪些内容呢？

生(何懿):缅怀。

生(吴倩):怀想。

师:是的,缅怀、怀想、追怀、感怀都可以,它们都包含在"怀"这一个字里面。那么"古"呢？

生:古人、古事。

师:是的,"怀古"其实就是词人在瞬间建立的时空坐标中定位自己的方向,他要有一个触发点,这个触发点往往是一个景点。

生:是古迹。

师:怀古就是描写古迹、追怀古事,古人含在古事当中。那么我们不禁要问以下三个问题:1. 两首词分别"怀"了什么"古"？ 2. 两首词分别是怎样怀古的？ 3. 两位词人为什么要怀古呢？

师:我们先看第一个问题,在刚才的讨论中,我们同学已经做了回答。苏词:写赤壁景,怀三国人物事。辛词:写京口景,怀五位古人事。

师:后两个问题,我们下节课再讨论。

妙处怎与君说

师：子曰："知(zhì)者乐(yào)水，仁者乐(yào)山；知(zhì)者动，仁者静；知者乐(lè)，仁者寿。"它的含义是：孔子说："智慧的人喜爱水，仁义的人喜爱山；智慧的人懂得变通，仁义的人心境平和；智慧的人快乐，仁义的人长寿。"今天我们就做一位智者，和梭罗一起来到瓦尔登湖畔，聆听松风天籁，静观湖光山色，体会灵魂深处的美丽呼唤，一起寻找自己的瓦尔登湖。今天我们学习美国作家梭罗的散文《瓦尔登湖》（节选）。

师：同学们，我们都写了一篇关于学子湖的文章，那么你们在写作的时候是从哪些方面入手的呢？哪位同学来分享一下？

生（王心然）：我先总写一下学子湖，然后写周围的景物、设施，接着具体写学子湖。（另一位学生表示，除了王心然写的内容，还有湖水色彩及湖中的锦鲤和鸭子等。）

师：百分之九十的同学都写了同一个方面，是什么？

生：鸭子。

师：是的，那么梭罗是从哪些方面写瓦尔登湖的呢？我们来看。

师：请大家一起读下面一段文字。（展示大屏幕上的文字）"（它）是本静静的书，极静极静的书，并不是热热闹闹的书，它是一本寂寞的书，一本孤独的书，它只是一本一个人的书，如果你的心没有安静下来，恐怕你很难进入到这本书里去。"《瓦尔登湖》的译序中说：静静的书，就要静静地读。下面我们就把全文静静地读一遍。大家默读时思考下面两个问题：1. 瓦尔登湖的妙处有哪些？能否用一些单音节的形容词来概括一下？2. 作者是从哪些方面写瓦尔登湖的呢？

（教师播放班得瑞轻音乐《琉璃湖畔》，学生默读课文。）

师：好，我们都读完了，下面我们一起来概括一下瓦尔登湖的妙处。

生：深、亮、清、静、奇等。

生（周皓弘）：还有幻，它的颜色是变幻的，所以是幻。

师：很好，我们来读一下最后一段，看看还有哪些妙处没有概括进去。

二、灵动语文之行

学生朗读最后一段。

生（高堃）：还有纯。

师：是的，纯是一个重要的特点，另外周皓弘同学说的"幻"不仅表现在湖的颜色上，还表现在最后一段的联想上，这里联想到很多神话。另外它还终年不涸，滋养了无数民众，可以概括为一个字——活。（一班陈雅诗等同学还概括出：仙、神等）

师：从这里我们可以看到梭罗是从哪些方面写瓦尔登湖的呢？

生：写湖的环境、面积等，写湖的颜色和清澈，写湖的神奇和美丽。

师：课文的总体结构是怎样的呢？

生：总—分—总。

师：提要的目的是勾玄，下面我们就探究该文的妙处。古人云："悠然心会，妙处难与君说"，可以说瓦尔登湖的妙处一般人确实"难与君说"，但是梭罗不仅说出了瓦尔登湖的妙处，而且说得很巧妙、很到位，很能感染人。请思考：瓦尔登湖的妙处是什么？作者是怎样写瓦尔登湖的妙处的？作者为什么能写出瓦尔登湖的妙处？下面小组讨论三分钟。组长组织好讨论，记录人分条记录，中心发言人注意组织好语言，其他同学也积极参与讨论。开始！

（教师参与到学生的讨论中，适当加以引导。）

师：好的，大家讨论得很到位，下面哪位同学分享一下自己小组讨论的结果？

生（秦朗）：我认为他之所以写得那么好，是因为他使用了比喻的手法，还有很多对比、衬托、类比。

师：类比在哪里呢？什么是类比呢？

生（秦朗）：老师，我不知道什么是类比呢。

师：秦朗很帅，郭老师和秦朗一样帅。类比就是通过对比找到相似之处。

生（秦朗）：老师，我很喜欢第一段的介绍面积和大小的文句，还有湖的入水口和出水口找不到，这说明湖很神秘呢。

师：非常好，秦朗同学主要是从修辞角度说的。

生（昌子妍）：在描写的时候本文还注意了远近、时空、虚实，注意了视角的变化，点面结合。

师：非常好，子妍同学注意联系了以前所学的知识。这篇文章的语言有什么特点呢?

生:很有画面感。

师:作者用朴实而具有诗意的语言来写,意象选择得好,意境优美,这也是一个方面。那么作者为什么能这么到位地写出瓦尔登湖的妙处呢?

生(刘云畅):我觉得他写得很有逻辑,你看他像导游一样,先带你看瓦尔登湖的总体,然后由远及近,写得很有条理,很有逻辑性。

师:非常好,理科同学的逻辑思维能力是很强大的。还有谁来分享?

生(刘宜萱):作者隐居瓦尔登湖畔,对这个湖很熟悉,观察得很到位。他和瓦尔登湖融为一体,他很喜爱瓦尔登湖。

师:这就是"物我合一"。刚才有一个小组在讨论的时候说,因为他是哲学家,所以才写得这么到位,我有点不理解,请这个组的同学来说一下。

生(单文彦):刚才老师说,梭罗写作时正处在大工业时代,梭罗隐居在这里寻找到了自己的精神空间。另外他在观察事物的时候,从哲学家的角度观察,十分细致到位,他使用的是"上帝视角",他静静地看着瓦尔登湖,其实他的感情已经融入了其中。

师:非常好,单文彦同学理解得很深刻。从这个角度来说,梭罗发现了瓦尔登湖,也发现了自我。下面我们分享一篇习作《学子湖像》,将它与《瓦尔登湖》进行对比。

(学生齐读文章《学子湖像》)

师:还有一篇文章也是写学子湖的,但是风格和这一篇不一样,那一篇写道:2014年我一入学的时候,就看到了学子湖的标识,但是按照标识寻找,我发现的是一片长满了荒草的洼地,后来那里挖了大坑,建了学子湖。学子湖又名蚊子湖,如果在夏夜,你拿着电蚊拍一路走过去,噼里啪啦一路电光闪烁,那是十分浪漫的。学子湖已走进了我们的生命,迎来了一批批学子,送走了一届届学生,已经成为我们生命中不能缺少的记忆了。

师:这两篇哪一篇更像《瓦尔登湖》呢?

生:第一篇。

师:我也写了一篇,大家一起来看一下。

学子湖铭

湖称学子,塘开一鉴。南栖凤凰,清啼盈耳;北近黄阁,亭角翼然;西方能知味,谷香如缕而不绝;东望修齐治,大道可通于九天。镶翡翠两枚,为湖中之岛;飘玉带一条,乃蜂腰之桥。湖面徘徊天光云影,湖边掩映垂柳芭蕉。凤凰楼北,文宣登高台以观清泉;梧桐林里,学子怀鹏程而瞻圣贤。

师生于伏案之余,或携丽日,呼朋伴;或趁清风,披星点。湖岸小憩可休树边之身,塘畔冥想能长乐水之知。视通万里,书读中外之奥;精骛八极,心游天地之玄。一卷书,可驻半日时光;三五人,足享择善之欢。可比濮水,常有知鱼之乐;有似西子,不分淡妆浓抹;内通南海,乘槎(chá)能至牛女之家;实连沧溟,扶摇可达异域之地。

师:我们要继续寻找,寻找你们自己的瓦尔登湖!

专家评课建议:

1. 付志军老师:瓦尔登湖的妙处不可让学生讨论,因为热闹的讨论和全文的风格不合。

2. 李宏发老师:如果能够聚焦一点,例如语言,以读促写,学生收获会更多。

3. 禤健聪老师:教师怎样引导学生走进文本,怎样确定学生已经走进文本,要思考,因为这是译文,又是节选。建议可以将原文和译文对照着学习,这也更切合本校(外国语学校)的特点。

以退为进　议论全面

师:各位同学,大家好!昨天我们讲了一个作文专题:阐释概念,议论深刻。那么我们回顾一下,怎样阐释概念呢?

生(吴倩):下定义。采用的形式是:被定义的概念+是+揭示被定义概念本质的定语+临近的概念。或者采用设问的方式来阐释概念。

师:很好,那么请吴倩同学给"物质奖励"下个定义。

生(吴倩):物质奖励就是以物质作为奖励的奖励。

师:吴倩同学的定义并没有揭示被定义概念的内涵,所以还不太严谨。我们不妨一起来说一下,物质奖励是教师为了调动学生学习的积极性和主动性而采用物质进行奖励的一种奖励方式。

生(鲁馨阳):物质奖励就是指用看得见、摸得着的物质对学生进行奖励;

精神奖励是用看不见、摸不着的方式对学生进行奖励。

师:还不太严谨,可以这样说物质奖励是指教师为了调动学生学习的积极性而用看得见、摸得着的物质对学生进行奖励的一种奖励措施。

生(李颖欣):我想说,物质奖励是一种外在驱动,精神奖励是一种内在驱动。精神奖励是基础,物质奖励是升华。

师:李颖欣同学好像弄颠倒了。可以这样说,物质奖励是一种外在驱动,精神奖励是一种内在驱动。物质奖励是基础,精神奖励是升华。物质奖励的作用是有限的,精神奖励的作用是持久的。同学们,这节课我们再讲一个作文的专题:以退为进　议论全面。我们看一个作文题。

作文题:阅读下面的材料,根据要求写作文。

据媒体报道,日前,经过半年多的培训试用和严格考核,从近400名应聘者中脱颖而出的5名大学生与某市环卫局签订聘用合同,正式成为清运队伍中的新成员,在某市街巷清挖粪水。5名计算机、法学等专业毕业的大学生应聘淘粪工岗位,竟然还要通过激烈竞争、严格考核、半年试用,严峻的就业形势让人深思。大学生去淘粪值不值?这是观念的进步还是无奈的妥协?是大学生就业越来越趋于理性化还是人才的浪费?

请联系实际,写一篇文章,表达自己的独到感受和见解。

注意:1. 角度自选,立意自定,题目自拟。2. 除诗歌外,文体不限。3. 不少于800字。4. 不得抄袭。

师:根据这个作文题,有两段论述,我们看看哪一个段落的论述是比较全面的。

例文1

5名大学生通过层层筛选被某市环卫局聘为"淘粪工"。他们需要在这个基层岗位上工作三年。有网友表示,大学生淘粪工体现出来的是知识和人才的贬值。对于这种说法,我比较认同,让大学生去淘粪,真的是人尽其才了吗?拥有专业知识的他们,明明可以凭借自己的专业知识,创造更多的社会价值、享受更优越的工资和待遇。

例文2

5名大学生通过了层层筛选,被聘为"淘粪工",并且要在这个基层岗位上工作三年。从这5位大学生的职业选择中,我们看到了当代大学生的就业新风向——放下了所谓的"高姿态",敢于投身基层服务领域。但是,本科学历配上"淘粪"这样的工作,不免还是有点让人匪夷所思:淘粪这种目前来看只需要付出体力的劳动,真的需要具有一定专业知识的大学生来做吗?这就是一种赤裸裸的资源浪费啊!

师:以退为进,即先承认对方的观点存在一定的合理性,进而引出己方观点,使自己的说理更周到、更有力,让别人更容易接受自己的观点。

师:哪个例文论述全面?

生(李子越):第二个比较全面,因为它对大学生和淘粪工两个概念的特点把握得比较准确,有的概念还用了引号,比较醒目。

生(黄熹柔):第二个议论比较全面,因为它不是仅仅从一个角度论述的,它既讲了对方观点一定的合理性,又讲了自己观点的合理性。第一个段落仅有一个角度,第二个段落有两个角度。

师:是的,第二个段落使用的是以退为进的论述策略,论述比较全面,这也是辩证地看待问题的方法。

师:那么什么是"以退为进"呢?我们能否使用上节课所讲的内容,给它下个定义呢?

生(吴倩):鲁冠廷认为"以退为进"就是欲扬先抑,我觉得不太准确,"以退为进"其实是先赞扬对方的观点,然后提出自己的观点,以便自己的观点更易于为别人接受的方法。

生(黄子桐):以退为进就是建立在客观事实基础上的一种论述方式。

师:是的,是建立在客观性基础上的,但是也要说出概念的特点啊!其实可以这样概括:以退为进就是先肯定对方观点具有一定的合理性,在此基础上提出自己的观点,从而使自己的观点更全面、更合理、更有力的一种论证策略。(教师展示概念)在论述的过程中,以退为进使用的语言标志是:这种说法固然有道理,但是……;这种说法诚然……,但是……

师:好的,那么我们来练习一下。

当堂练习:一直定价很低以便于大众使用的《新华字典》可能是每个人最早接触的一本工具书,也是小学生的标配,更是成年人的一份情怀。近日,由商务印书馆主持开发的《新华字典》APP(应用程序)上线,此APP的免费版每天只能查两个字,若想不受限制查字,需要购买付费版。据官方介绍,这款APP付费版添加了原《新闻联播》播音员播读、汉字规范笔顺动画等增值服务。

你认为《新华字典》APP付费版的定价合理吗？请你写一个段落，体现你对材料的全面思考。要求：观点鲜明；运用以退为进的策略；200字左右。

（学生写作十分钟，然后展示。）

生（周子榆）：《新华字典》于许多人而言，是童年的回忆，是人手一本的实用工具书，而手机APP作为信息时代的"宠儿"，与字典相结合，产生了不容小觑的影响力。在不少人看来，APP版的字典中暗含着强制性的收费，从文化学习的角度看，增添了其经济价值，降低了其知识价值，但于我而言，电子版的字典因其丰富的增值服务面向公众收费也无可厚非，因此这项费用有其必要性和必然性。

师：这位同学结合网络时代的相关知识，论述得很好。

生（吴倩）：《新华字典》是一本定价很低便于大众的通识基础工具书，它对于不同的年龄阶段的人来说都是十分重要的。而近日商务印书馆主持开发的《新华字典》APP则是一款十分方便、新颖、功能强大却定价较高的软件，在我看来，付费版《新华字典》APP的定价在这个常用软件基本免费的市场中不可谓不高昂，或许会让许多人望而却步。有人认为这样的定价并不利于《新华字典》的大众服务功能，但是我认为这样的定价是有其合理性的。原《新闻联播》播音员的播读、汉字规范笔顺动画等功能的研发成本想必也是十分高昂的，收入不高的人群使用定价较低的纸质《新华字典》即可，收入较高、对便捷性要求较高的人则可订购APP，此价格是有客户群体和市场定位的。

师：非常好，论述十分到位、规范。

生（祝文雨）：随着时代的进步和技术的创新，《新华字典》迎来了从纸质版到电子版的飞跃，但价格也水涨船高，人们对于价格的合理性展开了争论。

在我看来，《新华字典》APP的定价自然应该由出版方自行决定，其研发成本和利润追求都一定会使《新华字典》由廉价小书变成价格稍高的电子产品，原《新闻联播》播音员的朗读和汉字规范笔顺动画等功能也十分实用。但这一切也改变不了这款APP定价过高的事实，在互联网时代，各种百科、词条、搜索引擎已经十分普及和方便，几乎每一个字词在互联网上都有相应的百科词条、讲解等内容，其中大部分都是免费的。人们利用互联网查字十分方便快捷，这款APP的定价无疑并不适合市场的需求。

三

灵动语文之思

　　人是一根能思想的苇草。反思是一座联系知行的桥梁,将知行密切地焊接在一起,使知行真正合一。我们反思的对象是我们的课堂,我们反思的结果会更好地推动我们的实践。边走边思,知行合一。

灵动之思

广州外国语学校　郭坤峰

一、灵动是什么

灵动是一股春风
吹开了姹紫嫣红
灵动是一朵鲜花
挂着露珠的晶莹
灵动是黄莺的歌喉
从黑夜婉转唱到黎明

灵动是课堂上的一次提问
启发众多沉睡的心灵
灵动是教学中的一个设计
激发学生思维于无形

灵动是课堂的高阶形式
它的前提是主动和互动
灵动是教师的恰当引导
是学生的切实践行

灵动是语言建构的巧妙
是审美能力的提升
灵动是思维能力的发展
是中华优秀文化的传承

灵动是师生文本情境的交融
灵动是符合实际的教学活动
是活动中让人拍案惊奇的生成

二、灵动之源在哪里

我不停地寻找灵动的绿洲
好像一个旅客在沙漠中踽踽独行
我在不停地向实践询问
好像那位天问者叩问苍冥

我询问生活的大海
大海给我一朵浪花
引进生活的汩汩活水
生活是灵动课堂的家庭

我询问书籍的思想
书籍给我期望的目光
这里要长出圣哲的森林
书籍宝库连着灵动课堂

我询问灵魂和生命
生命给我久久的回响
灵动是生命的怦动
灵动是灵魂的歌唱

我询问教师和学生
同伴告诉我精彩在学生
灵动是学生的创造和生成
不是教师独唱的慷慨激昂

十分庆幸我已不是一人寻找
十分激动这条河流已经形成
它会流到每一位教师的心里
润泽校园中每位学生的成长

《木兰诗》教学中的灵动时刻

广州外国语学校滨海实验学校　谢淑霞

女英雄木兰的故事千年传唱，可谓妇孺皆知。在口口相传的故事里，木兰作为英雄的勇敢被一次次深化，这个女扮男装、替父从军的女子也被冠以"女战神""奇女子"的种种尊称。回顾和反思《木兰诗》整个教学过程，笔者觉得有两处学生的生成较为灵动。

一、言文并举"促"灵动

在《木兰诗》之前的文言文教学中，为了夯实学生的文言基础，笔者一般把主要精力放在文言词法、句法上，几乎是采用一句一译的方式进行文意疏通，虽然方式较为死板，但好在文言篇幅较短，并没有占用很多课堂时间。但是《木兰诗》是教材中学生初次接触的文言叙事诗，若用以往方式，非但会事倍功半，还会破坏学生对诗歌美感的感知。故而我采用了"言""文"并举的方式，让学生在反复诵读的基础上，重点解决学生容易理解错误的字词，比如"户""爷""市""郭"等。学生的反馈也表明，这是一种符合他们学情的方式。

二、凸显主体"育"灵动

笔者设计了探讨的主线问题——木兰奇在何处？这一问题是布置给学生的预习任务，建议学生在理解文本的基础上，多多查阅关于木兰的相关资料，以供课堂讨论使用。在正式课堂中，学生先在小组内进行分享交流，然后允许学生以多种形式进行展示。而学生的生成角度多样，让人惊喜，有的说"战功赫赫"，有的说"不慕名利"，有的说"替父从军"，有的说"忠孝两全"。

黄同学是班内语文成绩很好的女生，她课余时间很爱读书，在大家讨论结束后就举手跃跃欲试，她说道："木兰与以往古诗文中的女子形象不同，以前我们学习的文言文或者诗歌中很少出现写女性的作品，偶尔出现的也多是与爱情有关，表达的也多是对丈夫的思念，而《木兰诗》中的木兰则跳出了这一被凝视的单一形象。"应该说，听到这样的回答，笔者是受到了震撼的，一般这个年纪的学生能回答出木兰的不同在于她替父从军征战沙场，与古代那些被拘束在家庭之内生儿育女、操持家务的女子有着天然的区别。学生从文学作品书写的角度来看待问题，也是给了课堂另一个探讨的角度，尤其是她发言里用到"凝视"一词，实属难得。女子在古诗词中的所思所想皆与情爱相关，并非作者故意为之，应该说如果现实生活中女子的所思所想主流确实只围绕婚嫁情爱时，文学家也无从为其注入更广阔的写作活力，女子的形象也被定格。

  课后笔者也从这一角度去查阅资料，在第二课时为学生展示了相关闺怨诗、思春诗中的文学女子形象。其中北朝民歌《折杨柳枝歌》中"问女何所思，问女何所忆。阿婆许嫁女，今年无消息"，引起了学生的热烈讨论，同样的所思所忆，一般女子思索嫁人之事，而木兰想的却是如何替父从军，把家庭大事、国家大事主动承担起来。课后有女生嘻嘻哈哈打趣"恋爱脑要不得啊，搞事业的女生才最有魅力"，另一个女生接话道："是懂得承担的女生最有魅力"……笔者在旁边听着并没有说话，但觉得木兰在此刻给予她们的力量都会在未来的某一刻支撑起她们的信念。

  还有一个细节是笔者备课时没有留意到，但学生讨论生成的。有学生问：前一句是"暮宿黄河边"，后面一句是"暮至黑山头"，都是到了傍晚，为何一个用"宿"，一个用"至"？大部门同学都认为二者是一个意思，就是"晚上到了那儿"的意思，但个别同学却表示：老师经常强调深入文本就要咬文嚼字，为什么不都用"至"表示"到"呢？笔者也对这个问题感兴趣，便索性把课堂还给学生，让他们自由讨论。有同学说，之所以换字，是为了文学表达的新颖，古人常为了避免重复而琢磨换字。而有同学则给出了另一种解读，第一天晚上到黄河边，黄河属于安全范围，所以可以安然入睡，用了"宿"字；而后来的"黑山头"已经是"但闻燕山胡骑鸣啾啾"了，这是到了敌人的地盘，不能安然入睡，所以只用了"至"字。后者的回答赢得了满堂喝彩。

  在灵动语文课堂中，精彩是学生的，只要遵循规律，突出学生学习的主体地位，灵动的感人瞬间，总会不期而遇！

  古人云："教学相长"，教师在课堂上能从学生身上有所得，是一种幸福。

以读促学——《黄河颂》阅读教学的灵动时刻

广州外国语学校滨海实验学校　石　博

《黄河颂》是抗日战火燃遍中国大地时,诗人光未然行进在黄河岸边,面向黄河母亲唱出的豪迈颂歌。这样的一首诗,打动了当时无数的人。因此,我认为《黄河颂》教学,最重要的是激发学生内心的情感,所以将这节课的重点放在了"诵读"上,让学生在诵读过程中整体把握和理解诗歌,体会诗歌的魅力。学生每一次的朗诵,都直观地反映出了他们对诗歌理解的程度,只有让学生们在课堂上,自然诵读,不再拘泥,充分调动学生的情感,成为一个个"身处其世"的光未然,才是真正意义上的读懂作品,读懂作者。

于是我以朗读为主线,采取指导朗读、角色扮演、分角色诵读三个环节进行教学,来建构我的灵动语文课堂。

首先,灵动在"读"。在让学生朗读《黄河颂》一诗前,我首先向学生提出一个问题:"怎样才能朗读好《黄河颂》这首诗歌?"学生们七嘴八舌,能答出抑扬顿挫、注意语速和重音等方面,但是不全面,所以在课堂上,我特别加强了指导朗读这个环节,在我的引导下,学生分角色,辅以动作、配上音乐,这样的朗读就有了比较好的效果。有了朗读方法的指导,学生还学着范读音频里面的腔调,他们纷纷开始投入进去,朗读给学生创造了一个适合学习的课堂氛围,学生在诵读中体会到了文章的美感。

其次,灵动在"演"。通过真人模拟情境,让学生通过表演、朗读的形式再现诗歌情景,通过这种体验式教学,让学生对诗歌内容进行再创造。例如在读三个"啊,黄河"文段的分组朗读中,可以从声和形两个方面进行:在"形"方面,我带领学生做了"波浪"游戏,模拟黄河波涛;在"声"方面,我组织同学们学唱这个部分,感受壮阔的历史场景和黄河磅礴的气势。这样学生就理解到诗歌从黄河养育了、保卫了、激励了中华民族三个方面来颂黄河,感受到黄河儿女的英雄气概,也顺其自然地理解了诗人强烈的爱国主义情感。

最后,灵动在"感"。最后再次分角色朗读,作为总结,用画面和音乐感染学生。全班四个大组各朗诵一小段,全体起立诵读,背景配以波涛汹涌的黄河画面加上具有感染力的背景音乐,我也加入班级的朗诵当中,将同学们朗读的激情推向了高潮。

　　我认为通过各种形式的朗读可以加深学生对诗歌内容的理解,很好地调动了课堂气氛,学生积极参与,课堂呈现出自然、充满激情的感觉。我相信在诗歌教学中,以诵读为基础,调动学生的情感体验,做到以读促学,以读促"灵",会更有利于语文灵动课堂的建构。

《孙权劝学》阅读教学的灵动时刻

广州外国语学校　郭坤峰

近期我已经完成《孙权劝学》这篇古文的阅读教学,回顾和反思整个教学过程,觉得有三处设计较为灵动。

一、角色表演

在带着学生熟读课文以后,我布置了一个分角色表演的任务,让学生准备五分钟,然后上台表演。各位同学都积极主动参与,纷纷举手要求表演,最后我安排了第二组和第六组同学表演。

表演活动:以小组为单位,分配角色,用现代话剧的形式表现《孙权劝学》这篇古文。

注意:1. 要表现出人物的特点;2. 人物的语言要准确,符合文本的实际。(最后选择两个小组上台表演)

两组同学的表演当中生发出了很多内容,他们还添加了一些现代的元素,台上的同学认真表演,台下的同学不时地发出笑声、赞叹声。其中第六组的表演更胜一等,他们很好地将课文分成三个场景:孙权劝学、肃蒙论议、登堂拜母。在表演环节,毛梓宇同学、赵文博同学、班洪熙同学,表现都很出色。

表演结束以后,由同学对两个小组的表演进行评价,评价从两大方面进行,第一个方面是台词的准确性,第二个方面是人物塑造的生动性。第一个方面是为了解决古文翻译的准确和通顺问题,第二个方面是为了分析人物的形象和性格,分析"大人物的微小细节"中的内涵。

这个环节的灵动体现在"灵手主动"上,学生动手、动口、动脑;还体现在"灵思互动"上,学生不仅仅要对古文进行翻译,而且还要根据人物的形象和性格现场编写台词,最后小组配合表演出来,在这个过程中有思想的碰撞和交流。

二、情境探究

情境探究：

1. 如果你是孙权，你为什么要"劝学"？你"劝学"成功的原因是什么？

语言组织形式：我就是孙权，我之所以劝学，是因为_____。我对吕蒙的"劝学"是成功的，我是这样劝学的：_____

2. 如果你是孙权，你觉得吕蒙的学识进步了吗？

语言组织形式：我就是孙权，我觉得吕蒙进步了，因为_____

这个环节是情境探究，全部都是从孙权这个人物的角度设置的问题，让学生去思考，去分析文本，根据细节分析"劝学"的内涵，也培养学生的语言建构能力。

这个阶段的灵动体现在"灵思互动"。张智皓同学和毛梓宇同学两位表现很好，张智皓同学第一次回答以后，觉得自己回答得不够好，还要补充；毛梓宇同学分析了学习的必要性、学习的目的、读书的方法、劝说的方法。师生还一起探究了"劝"的含义，不仅有"劝说"的意思，还有"勉励、鼓励"的意思。

三、当堂训练

问题探究：

1. 如果你是孙权，你还可能举哪些例子劝学？（　　）

A. 光武当兵马之务，手不释卷。
B. 曹孟德老而好学。
C. 王安石勤学不倦，知识广博。
D. 孔夫子周游列国。

2. 如果你是孙权，你想推荐哪些书籍给吕蒙？（　　）

A.《论语》　　B.《左传》　　C.《孙子兵法》　　D.《孟子》

在备课的时候，我还翻阅了《三国志》，看到《三国志》里面《江表传》对于"孙权劝学"的记载，其中的内容比课文丰富得多，孙权不仅劝吕蒙读书，还劝蒋钦学习，并且还给吕蒙举了其他人勤奋学习的例子，并开具了书单。我根据其中的内容设计了这两个题目，这是对学习内容的深化，也是对学生深度思考力的训练。

"一石激起千层浪"，学生对这两个题目议论纷纷，这激活了他们的思维，使他们的思维灵动起来。第一个题目选择前两项，它们都是很典型的事例，而第三个是宋代的例子，受时代的限制，孙权不可能举这个例子，而最后一项不是典型事例。第二个题目选择中间两项，因为两本书，一本属于兵法，另一本属于历史著作，符合孙权所说的"但当涉猎，见往事耳"，也契合吕蒙军事将领的身份。

这两个题目很有难度，但是对激活学生思维的作用是很明显的。

文言文教学中创造灵动时刻、设置灵动环节，难度较大，我相信大家有更多巧妙的方法，我的这篇文章仅仅是"抛砖引玉"。

一次灵动的课堂提问

广州外国语学校　钟俊辉

这是笔者和学生一同学习《说和做》时,一次灵动的课堂提问的记录。

鲁迅先生曾说过:"有缺点的战士永远是战士,完美的苍蝇也终究不过是苍蝇。"正因为战士的不完美,才显得他们更加可敬可亲,有血有肉。

笔者在执教《说和做》这篇课文时,学生普遍都能感受到闻一多先生作为学者和民主战士两方面的伟岸,尤其是"他,是口的巨人。他,是行的高标。"一句作结更是把他的形象推上了高峰。但是笔者觉得文中对于闻一多作为学者形象的描写并不都是完美无瑕的,在第3自然段,臧克家如此描绘:杜甫晚年,疏懒得"一月不梳头"。闻先生也总是头发凌乱,他是无暇及此。闻先生的书桌,凌乱不堪,众物腾怨,闻先生心不在焉,抱歉地道一声"秩序不在我的范围以内"。

于是笔者灵机一动,在课堂上如此设问:"请问作为学者方面的闻一多身上有无一些'不良习惯'?"然后让学生齐声朗诵第3自然段。果然,大部分学生都能找到上述引文,主要描写闻一多先生"头发凌乱""凌乱不堪的书桌"这些细节。

接着,笔者再追问:"那么我们能从这些细节中概括出闻一多先生是个不讲卫生、不修边幅、邋里邋遢的人吗?"——当然不能!

这时一个声音响起:"不拘小节!"从同学们钦佩的目光中我感受到这个用词比较精准。笔者接着总结:"'不拘小节'这个词用得很好,但是这也是同学们平时做阅读题时容易犯的错误,如果要概括闻一多的学者形象,'不拘小节'这个词肯定不是首选项,甚至都不应该抓住这个细节来概括,很多同学往往放着大处不找,专找细枝末节,从而偏离了正确答案。"

学生沉默了,这时笔者再追问:"那么臧克家为什么要写这一段细节呢?不写行不行?不写的话不是显得闻一多形象更高大吗?"

笔者让学生继续往下读:不动不响,无声无闻。一个又一个大的四方竹纸本子,写满了密密麻麻的小楷,如群蚁排衙。几年辛苦,凝结而成《唐诗杂论》的硕果。

经这么引导,有学生举手回答:"这样写是为了对比、衬托！衬托出他的认真严谨！"笔者追问:"你从哪个词看出?"学生回答:"密密麻麻、小楷、群蚁排衙。"全班恍然大悟。

没错,生活上,闻一多是不拘小节的,但是这不代表他性格如此,从《唐诗杂论》的书写"群蚁排衙"足以看出闻先生对待学术是多么的严谨和认真！他把整理物品的时间全都用在学术研究上了,这是潜心贯注的最好写照！

最后,笔者还觉得意犹未尽,本着立德树人的原则,顺带"育人"一番:同学们,闻一多先生所谓的"头发凌乱""凌乱不堪的书桌"是有特定的历史社会背景的,他那时必须全身心投入救国救民的探索中,所以生活琐事位居次要了,我相信若在和平年代,闻先生肯定会把自己打扮一番。所以同学们千万不能以学习忙为借口,对自己的个人物品、学习用具不加以整理,乱摆乱放,我们必须要养成良好的生活和学习习惯！

反思:这是一次课堂上生发的问题,反弹琵琶出新意,激活了学生思维,调动了学生参与的积极性。只有心中有灵动的理念,才有可能"妙手偶得"。

《邓稼先》阅读教学之灵动环节

广州外国语学校　郭坤峰

一节课四十分钟全部做到灵动,这几乎是不可能的。一节课当中有几个环节或者有几个瞬间达到灵动的要求,就已经是很不错的了。我们抓住这些灵动的时刻,审视之,分析之,反思之,从中找到规律和方法,这对于建构我们的灵动语文课堂是大有裨益的。所以以后的每一节语文课,我都会用灵动的标准来审视这节课,找出灵动环节或灵动时刻进行反思、分析。我们不妨称之为灵动课堂进行时。

今天我完成了杨振宁的回忆散文《邓稼先》一课的教学,在教学中有以下三个环节应该算是较为灵动。

一、导入灵动

在导入环节我播放了关于我国第一颗原子弹和第一颗氢弹爆炸的视频,视频中还有激动人心的旁白。这引起了学生强烈的反响、灵魂的触动,视频播放结束后,教室内响起了热烈的掌声。

接着老师用充满激情的语言导入:中国从积贫积弱到站起来,再到强起来、富起来,这个过程中有很多人付出了心血,甚至生命,所以我们现在的美好生活不是从天而降的。哪里有什么岁月静好?岁月静好是因为很多人在为你负重前行。在众多的奉献者中有一位,他的名字叫作邓稼先!

二、探究灵动

在本课的探究环节中,设置了一个情境、三个问题,它们是围绕"大人物的微小细节"这个主题而设置的,讲究梯度,层层深入。

第一个问题:如果你是一位著名导演,你要撰写一个电影剧本《邓稼先》,请结合课文说一说,你将从哪些方面介绍邓稼先的事迹?这个问题是让学生整体感知课文,梳理课文思路,掌握文章的主要事实。

第二个问题:如果你是一位著名导演,要指导一部名叫《邓稼先》的电影,请问你将选择哪些细节来表现这个人物？为什么要选择这些细节？这个问题是通过细节分析来探究人物的精神品质。书面回答的语言组织形式是：我是著名导演×××，我选择的细节是_____，选择这个细节的原因是_____。

第三个问题：如果你是一位著名导演，你将采用哪些拍摄的技巧和方法来塑造人物，感染观众？这个问题是探索文章的写法，而且拓展到了电影表现技法。口头回答的语言组织形式是：我是著名导演×××，我将采用_____的拍摄方式，原因是_____。

在学习探究的过程中，学生们对三个问题很感兴趣，主动参与探究，积极回答，达到了"灵手主动"的要求。第二、三个问题比较难，采用了小组讨论的形式，学生讨论得非常热烈，而且有很多生成的意见，这些是教师意想不到的，应该达到了"灵思互动"的标准。

当讨论到在拍摄电影《邓稼先》时如何处理《吊古战场文》和歌曲《中国男儿》时，朱艺臻同学提出了很好的方法。在拍摄的时候，可以使用配音或者旁白的形式，画面是邓稼先在沙漠里埋葬自己的战友，而旁白是让一个声音浑厚深沉的男声朗读《吊古战场文》，从而打动观众；画面是邓稼先和战友们焦急地等待结果的情形，而配乐是歌曲《中国男儿》，接着歌声渐渐变弱，邓稼先坚定地说出"我不能走"这句话。同学们的探究和回答，使我深深受到感动，学生也受到触动，但是这只是初步的触动，还没有深入到灵魂，所以需要第三环节的拓展。

三、拓展灵动

拓展环节又分为两步，第一步是说，第二步是写。

第一步：同学们，获得"两弹一星功勋奖章"的科研人员一共有23位，你们能否再介绍一下教材中两位科研人员的事迹呢？

在这个环节，郭星津同学介绍了"两弹一星功勋奖章"获得者郭永怀的事迹。他讲到郭永怀和他的秘书为了保护绝密文件而牺牲的细节时，很多同学都很受感动。紧接着教师播放了介绍郭永怀的视频，使同学们的灵魂受到触动。

第二步：同学们，如果你是"两弹一星功勋奖章"颁奖典礼的主持人，请你用精练、精辟、精彩的语言为邓稼先写一段50字以内的颁奖词。

为了实现灵动教学，我们在备课之时就要考虑设置灵动环节，要围绕"灵手主动、灵思互动、灵魂触动"三个关键词去设计，上完课以后再从这三个方面进行自我反思，我想这对于生成灵动课堂是有益处的。

怎样纪念白求恩

广州外国语学校　郭坤峰

最近我和学生们一起学习毛泽东的经典文章《纪念白求恩》，课堂上师生一起讨论了一个核心问题：怎样纪念白求恩？经过讨论，将大家的意见整理如下：

一、了解事迹

老一辈的人很熟悉白求恩的事迹，但是对于目前初一学生来说这个名字他们是很陌生的，因此需要采用学生喜闻乐见的形式，介绍白求恩的事迹。

白求恩是加拿大人，毕业于多伦多大学医学部，是著名的胸外科专家、英国皇家外科医学会会员、美国胸外科学会理事，他在加拿大、美国、英国很有名气。他在加拿大完全可以过上幸福优越的生活。

白求恩是国际主义战士，他带领着美国、加拿大的医疗队，支援西班牙反法西斯战争，到第一线救死扶伤。他认识到当时的中国更需要医护人员的支持，后来他就来到了中国。他到中国的路线是从香港到汉口，从汉口到延安，然后到晋察冀边区。

他接触的中国人有毛泽东、周恩来、聂荣臻、陶行知等。他来中国和陶行知也有着密切的关系，当时陶行知在美国留学，看到祖国被日寇侵略的现实，就在美国各地发表演讲，希望得到支持，白求恩当时听到了陶行知的演讲，并深受其影响。

白求恩和毛泽东见过一面，他向毛主席提出了很多抢救伤员的建议。

白求恩把他的手术台设在离前线最近的地方，还建议建设医疗材料厂，创立卫生人员培训学校。为了培养医护人员，他先后编写了20多种培训资料。他曾经多次为伤员输血，曾经连续工作69个小时，为115位伤员做手术。为了获得急需的医疗器械和物资，他还准备化妆到敌占区购买。

白求恩还是一个文学爱好者，他写了大量的随笔和新闻报道，他把这些新闻报道发到国外的报纸发表，使世界人民了解了中国共产党抗日的情形。

他因为给伤员做手术而受伤感染,不幸去世,牺牲在了中国,埋葬在了中国的大地上。弥留之际,他说他在中国的工作、生活很充实,很有意义。

白求恩的一生是不断追求生命意义的一生,是践行共产主义、国际主义的一生。这让我想起了弗兰克尔在《活出生命的意义》里面讲的"发现生命的意义有三种途径:工作(做有意义的事)、爱(关爱他人)以及拥有克服困难的勇气",也想起了《小王子》的作者圣-埃克苏佩里的追求意义生命的一生。

二、理解精神

关于怎样纪念白求恩,很多同学说的关键词就是学习。学习是什么意思呢?《论语》中有云:学而时习之,不亦说乎?学习本身就含有知识的理解和行动的落实两个方面。

白求恩具有国际主义精神,具有毫不利己、专门利人的精神,在医术上具有精益求精的精神,毛泽东在文章里对此进行了详细的阐释。毛泽东引用列宁的语录,对国际主义进行阐释,将真正的国际主义和狭隘的国际主义、狭隘的爱国主义区分开来。毛泽东还使用了对比的手法,将不少人和白求恩在对待工作的态度、对待同志的态度、对待工作的要求等方面进行了对比,突出了白求恩的高尚精神,突出了我们和白求恩的差距,也突出了学习的必要性。

三、反思自我

怎样纪念白求恩?要找出我们自己和白求恩的差距,要反思自己的行为,想一想:自己在工作上,在对待同事上,在专业技术上,是不是和白求恩有差距?是不是没有做到精益求精?那么怎样做到精益求精?这些要反思。反思是践行的前提,践行是反思的提升。没有反思、不知道自己状况的人,可能还沾沾自喜,麻木不仁,自吹自擂。没有践行,反思就失去了意义,就不是真正的纪念,不是真正的学习。

四、确定目标

毛泽东在文章的最后一段提出了我们学习的目标,就是通过纪念白求恩、学习白求恩,成为一个高尚的人,一个纯粹的人,一个有道德的人,一个脱离了低级趣味的人,一个有益于人民的人。

这五个句子构成排比,议论热情洋溢,语气自然流畅,收束干脆有力,从品质、思想、道德、趣味、境界等方面为我们的学习实践指明了方向,规划了蓝图。

五、践行信念

纪念的关键是实践,白求恩是在实践自己的信念,那么共产党人和后来者也要践行这些理念。

我们初一的孩子怎样做到精益求精,怎样做到毫不利己、专门利人,怎样做到对学习高度负责,对同学十分热忱呢?这个需要同学讨论,确定路径,确定方法。

受白求恩的影响,践行白求恩的精神,这样的人有一大批。例如,中山医院副院长姚崇义就是白求恩的弟子,他一生都在做救死扶伤的工作,把白求恩的精神放在心上,更落实在实践上。当时和白求恩一起支援中国的还有很多医护人员,例如加拿大的护士琼·尤恩,新西兰的护士凯瑟琳·霍尔等。

人的一生是短暂的,怎么样使自己的人生有意义?白求恩的高尚行为和可贵精神给我们提供了借鉴,指明了方向。

边行边思——读书、教书杂感两篇

广州外国语学校　郭坤峰

谁圣不婴，谁婴不圣

《西游记》里面有一个"圣婴大王"，李卓吾先生的批注是"谁圣不婴，谁婴不圣"，意思是圣人就具有婴儿的特点，婴儿就是天然的圣人。这个见解很独特，也很有道理。儿童天真、纯粹、真诚、能分享，有内在的秩序，这些不就是圣人的品质吗？

李卓吾推崇阳明心学，提出了童心说，他的观点和意大利教育家蒙台梭利有相似之处。蒙台梭利在《儿童的秘密》里说："儿童并不是一个成人只能从外表观察的陌生人，更确切地说，儿童成了人的一生中最重要的一部分，因为他是成人的开始，后来他成了成人。"她还谈道，说父母创造了他们的小孩，那是不对的，相反地，我们应该说"儿童是成人之父"，因为儿童有一种积极的心理生活。

儿童天然具有精神的胚胎，"实际上，并没有任何可以看得见的设计方案，这个生殖细胞服从的只是它自身所带有的内在的指令"。基于此，我们就要改变在儿童面前自高自大的态度，应该尊重他们，"应该把最崇高的敬意献给儿童"，顺应他们内在发展的规律，我们的教育不是阻碍他们内在的成长，而应该是顺应他们内在的成长，为他们内在的成长创造良好的条件和环境。

对于孩子，我们的态度应该是谦虚和爱，要有方法，要顺应规律，不要觉得我们是大人，就可以随意严厉批评孩子，甚至愤怒地大吼大叫。对于孩子，我们要有慈悲，要有爱。慈就是与之同乐，悲就是与之同哀。蒙台梭利说："爱不是冲动，而是一个结果。它像一颗行星，得到来自太阳的光芒。这种动力就是本能，是生命的创造力量。但是，它在创造的过程中产生了爱，所以，这种爱充满了儿童的意识。通过爱，儿童实现了自我。"

圣婴是不好对付的，孙大圣与之斗力、斗智、斗勇，皆处于下风。他不得已请来了观音菩萨，观音菩萨把三十六把天罡刀变化成莲台，引诱圣婴大王上当，又使用五个金箍圈分别束住他的手、足、头，方才把他降服，令其入了佛门。这是神魔小说中降服妖怪的方法，如果把圣婴大王看成一个处在教育中的孩童，使用天罡刀和金箍圈的方法是不是好的教育方法呢？

如果是蒙台梭利，她不会认可这些方法，更不会采用这些方法。她会认为这些方法都是压抑的，是强制的，没有顺应孩子内在的秩序和规律，这样是无法教育好孩子的。她会以儿童为中心，从日常生活训练着手，配合良好的学习环境、丰富的教具，让儿童自发地主动学习，自己建构完善的人格。她会确定自己作为协助者的身份，会把握儿童的敏感期，顺着敏感期学习的特征，得到最大的学习效果。她会提供对孩子适性、适时的协助与指导，实施完全人格的培养。她会尊重孩子的成长步调，提倡混龄教学，她会提供丰富的教材与教具，让孩子通过"工作"，从自我的重复操作练习中，建构完善的人格。她会采取尊重孩子的方式，培养孩子正在萌芽的尊严感，让孩子适时、适性地成长。她的教育也许短期内不易察觉成果，但却会在某一时间以爆发的力量彰显出孩子内在心智的成长。

当然圣婴大王的教育问题，不是孙悟空和观音菩萨的问题，而是他的父亲牛魔王和母亲罗刹女的问题，是原始家庭的教育问题。牛魔王虽然神通广大，但是性格粗疏，和罗刹女长期分居，还另寻新欢和玉面公主住在一起。罗刹女虽然非常疼爱自己的儿子，但是个人性格比较暴躁，对于孩子的教育，估计也缺乏科学有效的教育方法。

我们要爱孩子，尊重孩子，顺应孩子内在的规律，为孩子顺利成长提供良好的条件和环境。

补记：11月18日下午，我走过一年级教室门前，正赶上孩子们去进行大课间活动，他们纷纷和我打招呼，我就和一个同学握了手，其他同学也纷纷上来和我握手，错过的同学又跑回来，要求必须和我握手。

我产生了一种幻觉，觉得站在我面前的不是一个个小学生，而是世界各国的元首，他们在接见我，一一和我握手；我当时还幻想站在我面前的是从古至今的圣人们：孔子、孟子、诸葛亮、王阳明、曾国藩、特蕾莎修女、甘地、纳尔逊·曼德拉等，我仿佛缩小了，变成了小朋友，他们抚摸着我的头，慈祥而伟大。

孔颜乐处,为何乐

《论语》里面,多次写到孔子和颜回处在困难的环境里,依然安贫乐道。比如这一则:"贤哉,回也!一箪食,一瓢饮,在陋巷,人不堪其忧,回也不改其乐。"还有一则:"饭疏食,饮水,曲肱而枕之,乐亦在其中矣。"在如此困难的环境里,孔子和颜回为什么能保持乐观的心态呢? 他们为何而乐呢?

一、为志而乐

《论语》当中多次提到立志,孔子说"吾十有五而志于学",还说"三军可夺帅也,匹夫不可夺志也"。人有了志向就有了人生的方向,就不会迷惘。我们坚持自己的理想,执着地追求理想,不也是一件很快乐的事吗?

二、为学而乐

《论语》的首章就说"学而时习之,不亦说乎?",后面又说"温故而知新",应该说孔子从学习中得到了快乐,而且要把这种快乐传递给自己的学生。"学而时习之",不仅仅是简单的复习,而且要做到知行合一。理论和实践相结合,这才是真正的学;那个"习"字,在古代是鸟学飞、屡次飞的意思。所以这里面就含有反复实践、反复模仿的意思。

学习的快乐还来自和伙伴的合作,和志同道合的人一起学习,一起研究。为什么"有朋自远方来,不亦乐乎"? 因为朋友来了我们可以切磋研究。老师传授的学问,要经常地温习和复习,要经常地实践,所以曾子说"传不习乎?"王阳明将自己的书命名为《传习录》,叫《传习录》,而不叫"传学录",就是因为这里面包含了学习的一个非常重要的方面——做、实践,只有去做,才是真正的学。

三、为道而乐

古人云:为学日增,为道日减。知识的求取方面可以追求一天一天地增加,但是在规律和道的追求方面要求的是一天一天地减少,减少的是多余的东西,减少的是欲望。

孔子和颜回坚守的是道,是儒家的道。对朋友讲诚信,对别人讲仁义,追求这种道,坚守这种道,人就会获得内在的生命秩序,会有一种快乐感和幸福感。

四、为义而乐

孔子说:不义而富且贵,于我如浮云。孔子不是在否定富贵本身,而是在否定用不义的手段获取富贵。用不义的手段获得了富贵,他的内心会不安,他的灵魂会受到良心的谴责,他肯定睡也睡不好,吃也吃不香,怎么能够获得快乐呢?

有的人虽然吃着粗粮,喝着凉水,没有枕头,只能把胳膊放在头下面枕着睡,但是心底无私天地宽。粗茶淡饭心态平和,快乐就在其中。

五、为仁而乐

儒家讲究仁,仁者爱人,仁者己所不欲勿施于人。践行仁的人,就能够获得良好的人际关系;践行仁的人,就能获得内心的秩序感,就能获得幸福。为什么能"不知而不愠",不是说自己是神仙,即使是圣人也有人的感情,之所以"不知不愠",是将"不知"作为自己修炼的一次契机,就像王阳明说的"在事上磨"。

六、因专而乐

粗粮也可以吃出幸福,凉水也可以喝出快乐,因为人们专注在上面,将所有的心思都专注在上面。人们体会每一次咀嚼的动作,感受每一口凉水的感觉,历历分明,沉浸其中,忘记了苦楚,忘记了艰难,或者说人们已经将别人认为的苦转化成自己的快乐。这种感觉叫心流,是一种最优的心理体验。我敢说,颜回和孔子之所以快乐,是因为他们不以苦为苦,他们真的获得了乐,一点都不苦。

孔颜乐处,由学到道,仁义具备,乐乃心之本体。

"以菊衬莲"属"反衬"

广州外国语学校　郭坤峰

周敦颐的《爱莲说》中写到莲花、菊花、牡丹，他以莲花象征君子，以菊花象征隐士，以牡丹象征追求繁华富贵和权势的人。文章以菊花、牡丹衬托莲花，突出它"出淤泥而不染，濯清涟而不妖"的高洁、傲岸的品质。

以"牡丹之爱"衬托"莲之爱"应属于反衬，这个毋庸置疑。但是以"菊之爱"衬托"莲之爱"属于何种衬托，则颇有争议，我个人认为属于反衬。

一、对网上观点的辨析

网上大多数观点认为它是正衬。例如有一处分析这样说：作者以菊花正衬莲花，说明自己像莲花一样洁白脱俗、与世无争，用牡丹反衬说明自己不像牡丹那样贪恋权贵，而像莲花那样洁身自好。

我认为这种说法属于主观臆断，缺少文本分析。结合文本，我们可以看到作者对牡丹鄙弃和贬低的态度很明显，因为文中说"牡丹之爱，宜乎众矣"，那个语气词"矣"，明显是贬低。但是对于菊花，作者是褒是贬好像并不明显，但是经过仔细分析，我们可以看到文本还是带有贬义的。"菊，花之隐逸者也"，这句话中的"隐逸"是隐居逃逸的含义，隐逸虽然是中性的，但是在周敦颐看来有些惋惜和不赞成，这是一种消极逃避。后文"菊之爱，陶后鲜有闻"，其中"鲜"是很少的意思，那么它就不是社会主流，也就不要人们去效仿，这里面也是贬义的。通过文本分析，以"菊之爱"衬"莲之爱"属于反衬就比较明显了。

二、对教参观点的辨析

《中学语文教师教学用书》对于这个问题，是这样分析的：衬托的运用有种种不同的情况，有时可以区分为正衬、反衬，有时则无法区分。《爱莲说》中，以"牡丹之爱"衬托"莲之爱"应属于反衬，但"菊之爱"究竟属于何种衬托，就很难说清。"菊之爱"有两重含义：一是做一个避世的隐士；二是像陶渊明那样保持独立的人格,"不戚戚于贫贱,不汲汲于富贵"。从前一重意义来看,本文作者与之相反,他不赞成避世,而主张入世;从后一重意义来看,则"菊之爱"与"莲之爱"亦似有相通之处。据此,我们不妨说作者以菊来烘托的本意也许是:避世者不染世之尘埃,固然可喜;而入世者"出淤泥而不染",则境界更高。至于这究竟是正衬还是反衬,大可不必去管它。

这种说法属于模棱两可。现实中偏偏有较真的学生要管它,要"打破砂锅问到底",当你面对这样的学生时不给一个详细准确的分析、明晰确定的答案是不行的。另外还有一些考试题目,让学生去辨析那是正衬还是反衬,所以还是要认真研究分析一番。

"菊之爱"的第一层含义不用谈论,按照这个理解,肯定是属于反衬。"菊之爱"的第二层意思,即陶渊明保持独立人格的方法就是隐居和逃逸,这也是周敦颐不愿意采用的。陶渊明早年也是要大济苍生的,即使隐居还心有不甘,"刑天舞干戚,猛志固常在",这种保持独立人格的形式也是不得已而为之。所以从这个方面讲它也是反衬。

三、知人论世定类型

我们结合周敦颐的生平来看,他一生从政三十多年,从来没有考虑过消极避世,总是积极主动去做事,判案、读书治学、传道授业,颇有孔子的"明知其不可为而为之"的精神。无怪乎黄宗羲认为,他可以和孔孟并列。

他非常喜欢庐山,他从政的起点是庐山脚下的浔阳,他退休以后也住在庐山脚下,并且将门前的小溪命名为濂溪,在那里建了濂溪书院,教书育人,传播自己的思想。有人说他和陶渊明的精神有相通之处,是一种传承和延续。我觉得这样说不客观,陶渊明在庐山避世,周敦颐在庐山传道,这里是有天渊之别的。

陶渊明在庐山成了隐逸诗人,成了田园诗的鼻祖;而周敦颐在庐山成就了他宋儒理学的宗主地位,直接影响了宋儒理学的形成。程颢、程颐都是周敦颐的弟子,而朱熹是"二程"的再传弟子。朱熹非常尊崇周敦颐,他也曾在浔阳做官,为周敦颐立像刻碑,继承并传播他的学说,成为宋儒理学的集大成者。

周敦颐、张载、程颢、程颐、朱熹这"北宋五子"哪一个是隐逸逃避之士?他们喜爱山水,即使在山水之中,他们也在追求"道"。张载的横渠四句,最能代表他们的处世精神,所谓"为天地立心,为生民立命,为往圣继绝学,为万世开太平",是目标,是誓言,是道德追求,是励志豪言,他们是绝对不会认同陶渊明的隐逸逃避之举的。

所以,我认为《爱莲说》中的"菊之爱"对"莲之爱"的衬托是反衬。

四、研究中的小发现

周敦颐曾经在广州为官。《宋史·周敦颐传》有记载:"熙宁初,知郴州。用抃及吕公著荐,为广东转运判官,提点刑狱,以洗冤泽物为己任。行部不惮劳苦,虽瘴疠险远,亦缓视徐按。"

宋熙宁元年前后,周敦颐从郴州调往广州任职,先任广南东路转运判官,后任提点刑狱。所谓提点刑狱,除了监察地方官吏之外,主要是督察、审核所辖州县官府审理、上报的案件,并负责审问州县官府的囚犯,对于地方官判案拖延时日、不能如期捕获盗犯的渎职行为进行弹劾。

后　记

课堂是学校教育的核心,只有把握课堂这个核心地带,"双减"工作才能得到有效落实。灵动语文课堂是深化课堂变革,提升语文教学品质的一个很好的尝试。

苏霍姆林斯基说过:"课,就是教育思想的源泉;课,就是创造活动的源头,就是教育信念的萌发园地。""我认为课堂上最重要的教育目的,就在于去点燃孩子们渴望知识的火花。"

建构主义理论认为,知识既不是客观的东西,也不是主观的东西,而是个体在与环境交互作用的过程中逐渐建构的结果。知识不是通过教师传授得到的,而是学习者在一定的情景下,借助他人(包括教师、学习伙伴)的帮助,利用必要的学习资料,通过意义建构的方式而获得。所以,灵动语文提倡在教师的指导下,以学生为中心的学习,既强调学生的主体作用,又不忽视教师的指导作用。灵动语文教学是一种回归本性的教学,它顺应学生的天性,激发学生的灵性,增长学生的智慧,它基于学生,为了学生,真正以学生的发展为出发点和最终归宿。

让学生动起来,是灵动语文课堂的本质。不仅仅是动手、动口,更重要的是动脑、动心。课堂上让学生参与知识的生成,积极讨论交流,养成动脑思、动耳听的学习习惯;让学生学会记笔记、主动做练习、积极用板书展示,养成动手做的习惯;让学生展示点评、讲解分析,养成动口说、动眼观的习惯……从而,让学生积极参与到课堂教学的各个环节中。

教师是推进灵动语文建设的关键要素,教师只有深耕细研,才能推进"灵动语文课堂"建设。

在教研备课时,教师首先要在文中寻找本课的思维点。就是说,教师要依据不同体例样本和不同学段的目标要求、单元主题要素,选准应该"教什么"。教师要对文本进行深度解读，立足课标要求、单元要素、课后习题提示等，结合学情能力，选取适合学生思维能力发展、适合文本表达特点和涵养育人价值的教学内容。然后教师要从小处入手，在进行教学设计时，要依据"教什么"的核心内容，预设核心问题、串联教学全程、引导学生思维发展。围绕"教什么"，基于学生的思维视角考虑、谋划，站在学生的立场预设灵动的教学问题、环节和方式，切近文本情境寻找学生思维的原点，在有趣、有效的教学活动实施中点燃每一个学生思维的火花。从而使学生在轻松活泼的教学环境中拾级而上，一步步从初级思维走向高阶思维。

在教学过程中，教师要通过富有趣味的情景设置、活动组织、辅助资源运用，在富于变化的方式中让学生乐学。教师在课堂上要灵敏地探出课文的"灵"点，巧妙激活学生学习思维的"动"点。教学中充分运用适合且使学生感兴趣的方式和手段，引导学生主动、自觉、自愿学习探索和思考，灵活巧妙地引导学生的学习火花燃烧，促进思维螺旋上升。同时，教师还需要亲和愉悦的情感投入，以教师教的激情点燃学生学习的热情，以教师爱的情感感染学生"亲其师，信其道"的学习情感，以教师灵活趣味的教的思维推动学生灵气灵动学的思维。

任何一个课堂，评价都是风向标。为了深入推进"灵动语文课堂"，课题小组专门制定了十条"灵动语文课堂"的教学评价标准。从基本要求、学科素养、灵手互动、灵思互动、灵魂触动五个维度，将评价实施与课堂变革相结合，促使教师在课堂上关注语文学科本质、思维容量和思想价值，关注学生的学习品质，落实学科课程的核心思想和思维方法，切实做好学生学科核心素养的培育、健全人格的养成和课堂学习质量的提升。

总之，灵动语文秉持乐学活用、思维发展、灵动涵养、言语提升的教学理念。教师要形成自己"激情活泼、乐学活用"的教学风格，追求语文课在厚度、温度、适度、活跃度、达成度方面的和谐统一。同时，要充分发挥语文学科的教化功能，从语文教学走向语文教育，在教学中实现培根铸魂、涵养育人的教育功能。

"让课堂焕发生命活力"，这是叶澜教授的期许，也是我们追求的目标，希望在灵动语文课堂里，让每一个学生的灵魂发育成长！

蒲　敏　2022年8月于羊城南沙